メジャーの掟

UNWRITTEN RULE OF MAJOR LEAGUE BASEBALL

〜大リーグの暗黙のルール〜

オープニング

２００２年開幕前のオープン戦中、メジャーで信じられない出来事が起きた。名門球団ヤンキースの看板スター、デレク・ジータ遊撃手のロッカーからグラブとバットが盗まれ、犯人探しをしたところチームメイトのルーベン・リベラ外野手だったことが発覚。盗品はすでに売りさばいており、リベラは即刻、クビとなった。

シーズン前にヤンキースに移籍してきたばかりのリベラは、控え選手の身で給料はメジャーの中でも安い方だが、それでも数千万円を稼いでいる。

それなのに盗みを働くとはにわかには信じ難いが、軽い気持ちで盗んでしまったらしいところを見ると、メジャーでは案外、こんなことが頻繁に起こっているのかもしれない。今回は厳格な名門チームだったため、見逃してもらえなかったのだろう。

そういえば、メッツのマイク・ピアザ捕手は、自分の『ミズノのバット』を全て貴重品置き場に入れて常に鍵をかけていたっけ……。

このように、メジャーには我々が想像していなかった意外な習慣（それが悪習にせよ何にせよ）が、結構あるものだ。選手達が普段着でくつろぐクラブハウスの中でも意外なことは行われているし、試合中のフィールド上でも行われている。

今年はドジャースの石井一久、カージナルスの田口壮、メッツの小宮山悟と、日本人選手が新たに三人加わったが、日本人にはわからないメジャーリーグの『暗黙の掟』（アンリトゥン・ルール）もたくさんある。昨年、メッツに入団した新庄も、メジャーの掟を知らずに敵を怒らせ、何度もデッドボールをぶつけられていた。

知らなければ、身の危険さえあるのがメジャーの凄いところでもある。

本書では、日本にいてはほとんどわからない、そうしたメジャーの習慣、掟、常識、あるいは球界で信じられていることを現場のライブ感たっぷりに綴っている。『メジャーの常識』をここまで深く掘り下げて書いた本は日本初。

これを読めば、メジャーのテレビ観戦もより楽しくなることうけ合いである。

オープニング …… 2

RULE 1 ノースリーからバットを振った新庄に報復のデッドボール …… 11
●あいつが、ぶつけられるようなことをしたんだ!!
●俺たちが新庄を守ってやる
●自軍の選手は徹底的に擁護する

RULE 2 打席に入っているときに捕手のサインを盗み見てはいけない! …… 27
●疑惑のポーズで故意にぶつけられた新庄
●「サイン盗み」には、胸元の速球で脅してもいい
●ヤンキースの「サイン盗み疑惑」
●日本人投手は「クセ盗み」のターゲット

RULE 3 ビーンボールをくらったら直接殴り返してもOK? …乱闘の過激な中身とマナー …… 45
●『仲間がやられたらチーム全員で乱闘しに行く!』のがメジャーの掟
●新庄の乱闘初体験
●ロジャー・クレメンスVSマイク・ピアザの因縁の対決
●メジャー史上前代未聞!
クレメンスに『バットを投げつけられて乱闘になった』ピアザ

CONTENTS

●〝仕返し〟も野球の一部なんだ

RULE 4
判定に対する不満顔、抗議はご法度 審判を敵に回さないのがメジャーの鉄則 …… 63

●『5試合出場停止』処分を食らったロベルト・アロマーの『唾吐き事件』
●球審に背を向けて文句を言う佐々木とバットで無言の主張をするイチロー
●メジャーの抗議王・ポール・オニールの激怒
●自分の帽子を蹴飛ばしながらベンチに戻ったルー・ピネラ監督
●〝パフォーマンス型〟抗議の常連バレンタイン監督

COLUMN 1
メジャーリーガーと言えど、ゲンも担げば神頼みもする …… 82

●『レッドソックス』ノーマー・ガルシアパーラの〝儀式〟
●カート・シリングが投球前にペンダントを握りしめる意味
●『一人息子と亡くなった母親の似顔絵』をタトゥーにしているウェルズ

RULE 5
ノーヒットノーラン継続中にバントヒットで それを阻止するのはマナー違反 …… 93

●バントヒットで消えたカート・シリングの完全試合

RULE 6 大量点差でリードしているときに盗塁するのはマナー違反 …… 109
●エラーで阻止された(?)野茂のノーヒットノーラン
●ノーヒットノーランでもバントヒットを狙っていい時もある!?
●リッキー・ヘンダーソンの盗塁に対するデービー・ロープス監督の激怒事件
●「盗塁のサインが出ていたから走った」と嘘をついたヘンダーソン
●『アンリトゥン・ルール破り』の常習犯・リッキー・ヘンダーソン

RULE 7 アンリトゥン・ルールが書き換えられた(?)佐々木の最悪登板 …… 125
●メジャー史上最悪の大逆転劇
●12点差をひっくり返されたマリナーズ
●『試合の終盤で5、6点リードしていれば安全圏』か!?

COLUMN 2 年齢ごまかしは当たり前!? ラテン選手達の実態 …… 140
●ニューヨークの英雄『ベイビー・ボンバーズ』に発覚した年齢詐称疑惑
●キューバから亡命した〝エル・デューケ〟ヘルナンデスの本当の年齢は?
●『メジャー最年少の19歳プレーヤー』の新人王ラファエル・ファーカルは実は2歳ごまかしていた!
●南米出身選手『受難の時代』

CONTENTS

RULE 8
メジャーでも、新人は新人らしくしなければイジメられる……153
●メジャーでは「上下関係」も大事
●あいつは生意気だ！

RULE 9
トレードマークの「赤」を着てダメ出しをくらった新庄……167
●「赤」はチームカラーではないから身につけてはいけない！
●「選手のスタイル」に一番厳しいヤンキース
●「練習のときはTシャツと短パン姿でやってもいい」と主張するバレンタイン監督

RULE 10
ホームインするときにベースを手でタッチし、不審がられた新庄……183
●メジャーでは「ケガの治療の仕方」も日本と違う
●新庄が感動したメジャー流「選手だけのミーティング」
●新庄お気に入り「ホームラン後のハイタッチ」
●「シュートって何？」アメリカにシュートを輸入した吉井

RULE 11
メジャー流ホームランを打つときの作法とは……201
●メジャーに『ホームラン量産時代』到来
●ボンズ、ピアザ、マグワイア、ソーサ……ホームランバッターが持つ独特のスタイル

●マナー違反か否か？　ホームランを打った後の『新庄のバット投げ』
●特権階級から外されたケン・グリフィー・ジュニア

COLUMN 3
メジャーリーガーはいつでも「野球より家族優先」か？ …… 218
●シーズン中にどの球団にもある『家族デー』と『ファミリー遠征』
●遠征の途中で別のチームにいる父親に打撃コーチを頼んだ
ケン・グリフィー・ジュニア
●『息子の卒業式出席』を契約に盛り込んだボビー・バレンタイン
●「妻の出産に立ち会いたい」とシーズン中にハワイに帰ったベニー・アグバヤーニ
●息子が『メッツ』の帽子を被っていたために球団から注意を受けた
アンディー・ペティット

RULE 12
どんな状況でも、取材を受けるのはメジャーリーガーの仕事 …… 229
●マリナーズ大敗後、取材を拒否して帰ったヤンキース選手たち
●取材を断った翌日に謝罪した佐々木
●『大のマスコミ嫌い』アルバート・ベル
●『米国メディアが最も取材しずらい選手』イチロー

CONTENTS

RULE 13
自分の成績や記録を気にしていても気にしないふりをしないと叩かれる …… 245
●「記録ばかりにこだわっている奴と俺は違う!」とサミー・ソーサーを批判したマーク・マグワイア
●「本当はホームランを打ちたいんだろ?」と挑発されたバリー・ボンズ
●「本塁打の記録を作ったことは凄いことだった」マグワイアの本音

COLUMN 4
ホームランボールを巡るファンの壮絶な争い …… 262
●試合中にスタンドに入ったものは、ボールでもバットでもファンのもの
●マグワイアのホームランボールにエスカレートした奪い合い
●裁判沙汰になった『ボンズのメジャー新記録のホームランボール』
●ボンズVSソーサーのホームラン記録を巡る場外乱闘

RULE 14
メジャー流トレードの仕方、され方 …… 273
●「トレードにはビックリした!! メジャーは、こういう世界なんだな……」と衝撃を語った新庄
●トレード通告されて激怒したアロマー
●やっかい者は放出される! 球界一の問題児ジョン・ロッカー
●「トレードに出してくれ!」とゴネたランディー・ジョンソン

●「俺を試合に出してくれ！」と要求して放出されたダリル・ハミルトン

RULE 15
日本人選手の一番の味方・バレンタイン監督は球界一の嫌われ者 …… 287

●意外にも〝日本通〟なサンフランシスコ・ジャイアンツのダスティー・ベイカー監督
●日本人選手に評判がいい『メッツ』ボビー・バレンタインと『マリナーズ』ルー・ピネラ
●クリフ・フロイドから「バカ監督」呼ばわりされたボビー・バレンタイン
●「ボビーはトリック・プレーをし過ぎる！」
●新庄の『故障者リスト入り』に激怒したバレンタイン監督の真意

RULE 16
えっ新庄が一番？ 四球を選ばないイチローは是か非か？
…リードオフヒッターを巡るメジャーの論争 …… 305

●「新庄に本当にリードオフが任せられるのか？」
●「自分をホームラン打者と勘違いしている！」と批判されたケニー・ロフトン
●「イチローはリードオフ選手として相応しいのか」全米に巻き起こったイチローを巡る論議

エンディング …… 322

UNWRITTEN RULE OF MLB

1

ノースリーから
バットを振った新庄に
報復のデッドボール

『味方が大量リードしている場合、特に試合の終盤で「ノースリーからバットを振る」のはマナー違反。もし違反すれば相手投手からデッドボールをぶつけられることになる』

これは、メジャーではかなり浸透している

『アンリトゥン・ルール「ｕｎｗｒｉｔｔｅｎ　ｒｕｌｅ」（暗黙の掟）』

の一つだ。

しかしメッツに入団したばかりの当時の新庄剛志は、そんなことは全く知らなかった。シーズンも２カ月に入ろうという２００１年５月24日、11対３の大差でメッツがマーリンズに勝った試合で、それをやってしまったのである。

場面は、メッツが８点リードしていた８回の第５打席だった。

ノーストライクスリーボールからの４球目の直球を豪快なスイングで空振りした。結局、次の５球目でライトフライに倒れたが、このとき新庄本人は、相手の神経を逆撫でしてしまったことに少しも気づいていなかった。

3ボール
0ストライク
0アウト
13

あいつが、ぶつけられるようなことをしたんだ!!

報復を受けたのは翌日の試合だった。

その日、5番に入っていた新庄は7回の3打席目、マーリンズ先発ブラッド・ペニー投手の2球目、143キロの直球が左上腕部に直撃。腕を押さえながら一塁に歩く新庄にボビー・バレンタイン監督が駆け寄り、

「大丈夫ですか?」

と日本語で声をかけ、新庄が頷くとさらに、

「もちろんですか?」

と心配そうに顔を覗き込んだ。

この段になっても、新庄には「ぶつけられる理由」が思い当たらなかった。試合が終わった後でさえ、

「心あたりはある?」

と聞かれて、

「いや」

と首を横に振っただけだった。

DAIJOUBU DESUKA?
ウン。
イテ。

しかし、実はこのとき、なぜデッドボールをぶつけられたのか気づかなかったのは当の新庄だけで、他の全員がその理由を知っていた。ぶつけた側のマーリンズは、ノースリーからバットを振った新庄に前日から腹を立てていたらしく、クラブハウスではそのことが大きな話題になっていたという。

マーリンズのジョン・ボールズ監督（当時）は試合前、

「選手達に、報復するように指示はしていない」

とチームぐるみの仕業であることは否定していたが、

「味方が大きくリードしているときにノースリーからフルスイングするのは礼儀に反している」

とはっきり不快感を顕にした。

ぶつけたペニー投手はまだ23歳という年齢の、腕にタトゥーを刻んだ血気盛んな風貌の若手投手だった。試合後に報道陣に囲まれると面倒臭そうに、

「わざとぶつけたんじゃないよ。あの後、ホームランを打たれて負けたんだから、常識的に考えればわかるだろ」

と答えていたが、親しい相手には、

「あいつが、ぶつけられるようなことをしたんだよ」

とうそぶいたというから、確信犯であることは間違いなかった。

メッツの選手達も、新庄がデッドボールを受けた瞬間に、その理由を飲み込んでいたようだった。出塁した新庄の様子をチェックしに一塁へ駆け寄ったバレンタイン監督はマウンドのペニーを睨みつけ、新庄が死球出塁した後に打席に入ったトッド・ジール（内野手）は仲間が受けた報復に憤慨し、怒りを込めた一振りで3ラン本塁打を放った。

このときベースを回ろうと一塁へ走り出したジールはペニーに向かって、

「これは新庄の死球のお返しだよ」

と言い、新庄の前のランナーとして最初にホームインしていたロビン・ベンチュラ（内野手）も、ジールをホームで迎えながら、ペニーに何事か言って敵意を剥き出しにした。ペニーも何かを言い返しながらメッツベンチへ向かって歩き出し、それがきっかけで両軍ベンチから選手全員が飛び出し揉み合いとなった。殴り合いこそなかったものの、あわや乱闘の騒ぎである。

この両軍の激突は試合後、舌戦に発展した。バレンタイン監督は、

「我々のベンチに向ってくるなんて、あいつ（ペニー）は何を考えているんだ。まだメジャーで20試合かそこらしか投げてない奴が、『野球はどう行われるべき

か』なんて偉そうなことを言えるのか？　奴らは何を考えているんだ」

　と激怒し、

「『ノースリーからバットを振ってはいけない』なんて馬鹿げた考えだ。ノースリーだろうと何だろうとチャンスがあれば振っていく。それが我々の戦い方だよ」

　と新庄を徹底的に擁護した。

　実はこの試合、延長10回にはメッツのジョン・フランコ投手がマーリンズのクリフ・フロイド（外野手）にデッドボールを当てているのだが、バレンタイン監督はそのことにも触れて、

「たぶんフロイドの方が新庄よりたくさんアイシングをしなければならないんじゃないの。我々は2度勝ったようなものだね」

　と嫌味を言い、それに怒ったフロイドが、

「メッツは球界一バカな監督を雇っているよね。この騒動を鎮めたいなら、何でそんなバカなことを言わなければならないんだ」

　と応戦。両チームの舌戦は、まるで子供じみた罵り合いのようになっていた。

「やられたら
やり返せ！」
がメジャーの掟

俺たちが新庄を守ってやる

選手達のロッカールームも、新庄を巡る一連の出来事の話題で持ちきりだった。20人前後もいるニューヨークの報道陣は、新庄、ジール、ベンチュラと、渦中の選手を次々と囲んで話を聞いていく。

「あの新庄の死球を見て気持ちが集中したんだ。打ったことより新庄を守れたことがよかった」

というジールの仲間想いの言葉に、クラブハウス内は何か感傷的なムードになっていた。バレンタイン監督のように敵を徹底的に〝口撃〟するのとは違い、選手達の口から出てくるのは「仲間へ向けた言葉」だった。そこには、チームの試練を一つ乗り越えてさらに硬い絆が結ばれたときのような、静かな中にも熱いハートが伝わってくるような雰囲気があった。

新庄にもその雰囲気は伝わっていたようだった。

「久びさに興奮した。（勝って）嬉しい。よかった。見ている方もすごい興奮したと思うよ。あの乱闘でチームワークを感じた。ジーンと感じましたね」

そう語る新庄は、米国人記者に囲まれて話をするとき、感極まって涙ぐむ場面

みんな!!、
ありがとう。
もつべきものは、
チームメートだよナァ。

まであった。ジールやベンチュラからは、

「よくわからないことがあるかもしれないけれど、俺達が守ってやるからな」

と言葉をかけられたという。新庄は、

「『野球を楽しいな』と思う瞬間の一つだった。みんなにも見てもらいたかった」

そう言いながらひたすら感激している様子だった。

しかし、この乱闘騒ぎが**「前日の自分のノースリーからのバットスイングが原因」**だったことを理解していたのかどうかは、最後まではっきりしなかった。

日本球界にも、このような『アンリトゥン・ルール』がない訳ではないが、**メジャーではこのアンリトゥン・ルールは数あるルールの中でもかなりポピュラーで、厳格に守らなければならないものとして存在している。**メッツ対マーリンズの攻防がこれほどの大ごとに発展したのもそのためだ。

メジャーでは、野球をやる上で「守らなければならない礼儀」に対して非常に厳格なのである。

自軍の選手は徹底的に擁護する

実は、この出来事が起こった少し前、メッツ対エキスポズ戦で同じようなことが起こっている。

このときはメッツが全く逆の立場で、エキスポズのブラディミール・ゲレーロ（外野手）が新庄と同じように、大量リードしている試合の終盤でノースリーから思い切りバットを振り、バレンタイン監督がそれを激しくなじった。マーリンズとの出来事はこれが伏線となっており、マーリンズのボールズ監督は、

「自分があれだけ憤慨しておいて、自分のところの選手に同じことをさせるのはおかしいのではないか」

と話していたという。エキスポズとの一件が、余計にマーリンズを憤慨させていたのだった。

『大量にリードした試合の終盤で、ノースリーからバットを振ってはいけない。しかし自軍の選手がそれをしてしまった場合、善悪は別として「自軍の選手を徹底的に擁護しなければならない」』

それもまたメジャーのアンリトゥン・ルールなのだ。

ゲレーロを激しく批判した後で、新庄に同じことをされてしまったバレンタイン監督は、きっと頭を抱えたことだろう。そのときの困惑ぶりが目に浮かぶようだ。

しかしその窮地を逆手に取り、新庄のノースリーからのバットスイングを見事にプラスに転じてチームの結束を固め勢いをつかせたのはさすがと言うべきか。

マーリンズの選手達も、

「新庄がぶつけられて一塁に行ったとき、トレーナーは出てこなかったけど、あの天才監督が一人で出てきてペニーを睨みつけたんだからね。あれでチームの士気を高められたんじゃないの」

「バレンタインは頭がいいよ。チームにやる気を起こさせて、それがうまくいった。３連戦の最初の２試合に連勝できたんだからね」

と口々に話していた。

当時、メッツは開幕から打線が期待通りの働きをせず成績不振に喘いでいた。バレンタイン監督の作戦か、それとも偶然なのかは定かではないが、新庄のデッドボールがチームの起爆剤となったのは事実だった。

それにしても、一つのアンリトゥン・ルールを巡る出来事が、これほど様々な形に発展するとは……。

メジャーといえば、ただ力まかせに投げて打っているようなイメージや、すぐにカッとなって乱闘を起こしてしまうようなイメージがあるが、実はそこには「裏の顔」が隠されているのだ。

UNWRITTEN RULE OF MLB 2

打席に入っているときに捕手のサインを盗み見てはいけない！

タコマ・ニュース・トリビューン紙のラリー・ラルー記者によると、

「投手が投球モーションに入っている際、バッターボックスに入った打者が捕手をチラリと振り返り、次の球がどのあたりに来るのかを盗み見た場合、投手は無条件で打者にボールをぶつけてもよい。そしてその警告を無視してもう一度盗み見た場合、投手は今度は打者の頭を狙っても構わない」

というアンリトゥン・ルールがあるそうだ。

そして、まさにこのルールに引っかかってしまったのが、まだデビューから1カ月も経たない新人だった頃の新庄だった。

もっとも新庄が実際に盗み見した訳ではない。これが大きな誤解。とんだ疑惑をかけられてしまったのだ。

MITA?
MICHA DAME!!
ITAI!!

疑惑のポーズで故意にぶつけられた新庄

新庄といえば、そのスタイルもプレー中の仕草も派手だが、疑惑の種となったのは『打席に入ったとき大きく伸びをするようにバットを上に突き出し、チラリと顔を後ろに振る』あのトレードマークのポーズだった。

「新庄は捕手のサインを盗み見ている！」

疑惑をかけられた新庄はアンリトゥン・ルールにのっとり、4月27日のカージナルス戦で故意のデッドボールを受けた。

新庄にとってはメジャー初死球。六番・左翼で先発した第一打席、先発投手マット・モリスの初球が背中に直撃したのだから、狙ったとしか考えられないようなデッドボールだった。

しかしこのとき、新庄もメッツ側もこの死球の意味がわからず、抗議したりもめたりすることはなかった。真相が発覚し騒動になったのはそれから3日後、メッツの試合中継でテレビ解説を務めるフラン・ヒーリー氏が、カージナルスのトニー・ラルーサ監督と会食した際に、同監督の口から、

「うちの選手達が新庄のピーキング（のぞき）に怒っていた」

うゝん。コレがボクのトレードマークのポーズなの
IMA. MITADE SHO?
Mets
5

という発言が飛び出したときだった。

カージナルスは、メッツとのこの対戦前に、新庄の打撃を分析しようとオープン戦で対戦したときのビデオをチェックしたという。そのビデオには、

「新庄が肩越しに捕手のサインをのぞこうとしている姿が見て取れた」

というのがカージナルス側の言い分だった。

このことがヒーリー氏の口から明かされた後、ラルーサ監督は報道陣に囲まれ、「確かに選手達はビデオを見て『新庄の不審な仕草』を指摘していた。しかし私は、盗み見ているとは思わなかったし、選手達にもそう言ったんだ」

と、デッドボールが故意によるものであったことを暗に否定した。

まさに定石通り。

デッドボールをぶつけた側のチームは、たとえそれが故意であろうと『故意だ』とは決して認めない。

これも球界の一つのルールのようなものと言っていいだろう。

しかし収まらないのはメッツ側である。

盗み見てもいないのに「盗み見た」と言われたら、新庄にとっては名誉毀損もはなはだしい。実際、本人もこのときは、

「そんな汚いことしていない」

と激怒していた。

それに故意に、デッドボールをぶつけるなどということは、建前上は絶対にやってはいけない行為なのだ。新庄の同僚マイク・ピアザ（捕手）も、

「明らかに故意だった」

と憤慨していた。

怒りが収まらないメッツ側は、カージナルスを正式に告発しようとした。スティーブ・フィリップスGMがメジャーリーグ機構のサンディー・アルダーソン副会長に電話を入れ、

「審判が『故意死球』であることを知りながら、投手に退場を言い渡さなかった」

と抗議を行ったのだ。一つの誤解がとんだ大騒動に発展してしまったものである。

「サイン盗み」には、胸元の速球で脅してもいい

ところで、この一連の騒動が日本のスポーツ紙等で報道されたとき

『サイン盗み疑惑』

と書かれていたが、厳密に言うと「サイン盗み」とはやや違う。先にも記したように打者が盗み見るのは「捕手がミットを構える位置」であって、股の間で出しているサインを盗む訳ではない（それはかなり難しいでしょう）ので念のため。

もう一つ誤解のないように付け加えると、メジャーでは、

『打者が打席でピーキング行為をする』

ということは、まずほとんど行われていない。あまりにも単純にできてしまう行為であるためか「卑怯さ」の度合いが強いと受け取られているのだろう。メジャーの選手がこんなことをやってしまったら、もう終わりである。

しかし「サイン盗み」というのは、頻繁ではないにしても、たまに行われているようだ。二塁に出塁した走者が捕手のサインを盗み、それを打者に伝えるような行為のことだ。

この場合、大抵は捕手がサインを盗まれていることに気づくものだが、サイン

を盗んでいることが2回以上確認されれば**「打者は頭をかすめるような内角高めの速球を投げられることになる」**。これも、もう一つのアンリトゥン・ルールだ。

マリナーズの佐々木投手などは、盗まれていると感じると、すぐにサインを変えるようにしているそうだ。マウンド上でタイムを取り、捕手を呼んでグラブで口を隠しながらヒソヒソ話をしている場面をたまに見かけるが、試合後に、

「キャッチャーと何を話してたの？」

と聞くと、

「サイン変えてた」

という答えが返ってくることがよくある。そんなときは大抵、佐々木の真後ろである二塁に走者が出たときだ。

こういうときは、胸元に速球を投げて脅してもいいのだが、ルールを知らないのかそれとも手荒なことをしたくないからか、佐々木がそれを実行するところは今のところ見たことがない。

ヤンキースの「サイン盗み疑惑」

このような二塁の走者によるサイン盗みの他に、最近ではあの手この手を使ったサイン盗みも行われるようになった。

例えば2001年夏、マリナーズがニューヨークに遠征した際に『ヤンキースのサイン盗み疑惑』が浮上した。

この年、マリナーズはヤンキースの持つア・リーグ・シーズン最多勝記録を塗り替え、両軍は「最強」という名のプライドをかけ熾烈なライバル争いを演じていた。しかしシーズン中のヤンキースは成績不振に陥り、直接対決では完全に分が悪い。そんな状況の中で、ヤンキースがニューヨークにマリナーズを迎えたときのことだった。

マリナーズの先発はジョール・ピネイロ投手。右打者に対して打率1分7厘という驚異的な強さを見せていた若手のホープだった。しかしこの日のヤンキースはそのピネイロをいとも簡単に打ち崩すことに成功し、最初の5人の右打者のうち4人がヒットを放っていた。

さらに9回裏には佐々木が登板し、先頭打者こそ凡打に打ち取ったものの、そ

あいつ、サインみてたぜ!!
KAZU! KUCHIWO KAKUSHITE!

の後バタバタと畳み掛けられるように3連打を浴び1点を奪われてしまった。

「サインを盗まれた？」

試合後には、やはりそんな話題が出た。

「どうかわかんないけど。打たれ方は、嫌な打たれ方だった。たぶんそんなこと（サインを盗まれた）はないと思うけど」

佐々木はそう否定して見せたが、実はこのときルー・ピネラ監督は試合の途中、捕手からサインを出させるのをやめて、投手の方からサインを出すよう指示を出していたという。さらに翌日の試合では、センター方向の『ブラック・バッターズ・アイ』と呼ばれるフェンスの向こうの黒く覆われた部分にカメラマンがいることに気づき、3回裏に審判に抗議してカメラマンをどけさせた。

球界の盟主ヤンキースのこの『サイン盗み疑惑』は、マリナーズにはもちろん球界にもショックを与えた。もちろんヤンキース側はこの疑惑を否定し、真実がどうだったのかは明らかにされていない。しかし、もし本当にサイン盗みが行われていたとすれば、不振に陥ったヤンキースが常勝軍団としてのメンツを保つために魔が差したということだろうか……。

YAHARI MIRARE-TERU…

日本人投手は「クセ盗み」のターゲット

サイン盗みとはやや違うものの、「投手のクセを盗む」という行為は、メジャーで最近、かなり頻繁に行われるようになった。

必ずと言っていいほど話題になるのが、プレーオフやワールドシリーズのような「絶対に負けられない短期決戦」のときで、球史に残る名勝負と言われた『2001年のヤンキース対ダイヤモンドバックスのワールドシリーズ』では、第6戦のヤンキース先発投手アンディー・ペティットがクセを盗まれ大敗を喫したと言われている。

ペティットと言えば、レギュラーシーズンで15勝を挙げ、大舞台では絶対的な強さを見せるヤンキースの中でも信頼度の高い左腕投手。その彼が、この試合では立ち上がりから相手打線につかまり1回に2安打1点、2回に4安打3点を奪われ、3回には一つもアウトを取れずに途中降板した。ここまで酷く打ち崩されることなどまずない投手が、このような打たれ方をしたことで疑惑が広がったのだ。

今年になって、それはただの〝疑惑〟ではなく、実際に「クセを盗まれていた」

ことがわかっている。キャンプ中に、あるダイヤモンドバックスの選手が、

「ペティットがセットポジションから投球するときは、どの球種が来るか全てわかっていた」

と真相を明かしたのだ。その選手によると、ペティットがセットポジションから直球を投げるときは両手をベルトの位置で構え、変化球のときは全く違う構えをしていたという。

ヤンキースのメル・ストットルマイヤー投手コーチも、ワールドシリーズ後に「クセを盗まれていないかどうか」ビデオで研究し、それはすぐに判明した。今シーズンのキャンプではそのクセも直し、新シーズンには心機一転で臨んでいる。

日本人投手もクセ盗みのターゲットにされやすい。特に野茂や佐々木などフォークボールに頼る投手はなおさらで、対戦チームはフォークボールを投げるときのクセをつかみ、フォークのときはボールになる確率が高いため見逃し、直球だけに的を絞るという作戦をよく用いている。

しかしクセを盗まれていると、大抵は投げている本人か捕手か真後ろで守っている遊撃手が気づくもので、佐々木などはマウンドに上がっている途中でパッとクセを直すということもよくある。「クセを直しては、また新たなクセを敵につ

かまれまた直す」といういたちごっこが繰り返されているのである。

チームを移籍した途端に、投球のクセが盗まれていたことが発覚するというケースもある。例えば98年に野茂がドジャースからメッツに移籍したときがそうだった。

野茂はその年、ドジャースで2勝7敗と深刻な不振に陥っていた。メジャー3年目の前年は14勝12敗とまずまずの成績を残していたのだから、

「こんなに急激に調子を落とすとは一体どうしたことか？」

と多くの人が首を傾げた。

メッツに移籍してきたとき、監督や投手コーチはその謎解きにやっきになった。その答えの一つが、**「クセを盗まれていた」**ということだったのだ。

最初に指摘したのはチームメイトで、それまで敵として野茂と対戦するときは投球のクセを利用して攻略しており、チーム内で野茂のクセを知らない選手はまずいなかったという。つまり、投手のクセ盗みは選手達の間でかなり当たり前のように行われている、市民権を得ていると言えるだろう。投手のクセは、注意深く見れば誰にでもわかるものであるためか、たとえ盗んでも「卑怯な行為」とはあまり受け取られないのだ。

ひょっとして
フォークボールって
ばれてる？
UTSUKI
MANMAN
DESU!!
NOMO
10
27

その点、打席での「捕手の盗み見」などは卑怯な行為と見なされるため、発覚すると恐ろしい報復が待っている。

新庄の場合は、サインを盗んでいた訳ではない。しかし、**誤解を招くような仕草をするだけでも危険**だという、メジャーに挑戦する日本人選手への一つの教訓になった出来事だった。

UNWRITTEN RULE OF MLB

3

ビーンボールをくらったら直接殴り返してもOK？ …乱闘の過激な中身とマナー

『仲間がやられたらチーム全員で乱闘しに行く!』のがメジャーの掟

メジャーでは乱闘もメジャー級。

巨人・清原和博の乱闘も迫力があるが、体格のいいメジャーの選手が格闘技選手顔負けの過激なパンチを応酬する様はやはりド迫力で、なかには喧嘩の強さで鳴らす選手もいる。

数年前にヤンキースのダリル・ストロベリー外野手が乱闘に巻き込まれ、向ってくる相手チームの選手の頬に次々とパンチを命中させながらベンチの前を駆け抜けていったことがあったが、そのあまりの正確なパンチには周囲がすっかり感心してしまったものである。

『乱闘が勃発した場合、選手はもれなく参加しなければならない』

というアンリトゥン・ルールがある。

遅れて出て行っては後で仲間に何を言われるかわからないため、選手は必死でフィールドに駆けつける。乱闘のことを英語で〝bench clearing(ベンチを空っぽにする)〟と言うように、ベンチに誰か一人でも残っていてはいけないのだ。

WOOOOH!!
RANTō DAAH!!
!!
OH! MINNA! HELPME~!!

数年前、インディアンスのロベルト・アロマー（現メッツ）が故意と見受けられるデッドボールを受けたときに、チャーリー・マニエル監督が、

「何も（仕返しを）してくれなかった」

という理由で激怒し、以来、アロマーと監督がすっかり冷え切った関係になってしまったという例もある。仲間がやられたらチーム全員で乱闘しに行くというのは、メジャーでは非常に大事なことなのだ。

新庄の乱闘初体験

メジャー1年目にメッツに所属した新庄も、2001年5月にアストロズ戦で初の乱闘を体験した。

きっかけは6回のメッツの攻撃のとき、相手先発ホゼ・リマがジェイ・ペイトンの左肩にデッドボールをぶつけたことから始まった。メジャーでは、腰から下にぶつけるデッドボールなら黙認するが、頭に近い部分に当ててきた場合は「マナー違反」と見なし、仕返しをするかすぐさま乱闘となるケースが多い。

ペイトンもぶつけられた瞬間に激怒し、すぐさまマウンドに突進していった。

相手捕手のブラッド・オースマスがそれを止めようとペイトンのベルトを咄嗟につかんだが、頭に血が上ったペイトンはそのオースマスの首を締め、その間に両軍選手も集まり小競り合い。遅れずに駆けつけた新庄は、突進していこうとするペイトンを抱きかかえる同僚のエドガルド・アルフォンゾ（内野手）の後ろにつき、なだめ役として働いた。

HANASE!! ALFONZO!
SŌWA IKANDESU
まァー おちついて。

乱闘のきっかけは大抵、投手と打者の間で起こる。昨年、メジャーでは品行方正で通っていたロイヤルズのマイク・スウィーニー一塁手がタイガース戦で乱闘を起こしたことがあったが、そのときは〝相手投手の言葉〟が原因だった。

6回の2アウト二塁で打席に入ったスウィーニーが、バットを構えようとしたとき、

「マウンドの上に乗っているロージンバッグが気になるからどけて欲しい」

と球審にリクエストしたのだが、その要求に気分を害したらしいタイガース先発ジェフ・ウィーバーがスウィーニーに一言、嫌味を言った。

その瞬間に激怒したスウィーニーが、被っていたヘルメットをウィーバーに投げつけ、自らもマウンドに突進して殴りかかった。ウィーバーがどんな言葉を口にしたかは明かされていないが、スウィーニーによると、温厚な彼を一瞬でカッとさせるくらい、

「口汚い言葉」

だったという。

乱闘は激しいパンチの応酬が続いた後、両軍監督、コーチのいなしでなんとか収まったが、12分間の試合中断となった。試合後、ウィーバーは、

「俺はスゥイーニーに別に何も言っていない。ただ、『俺がロージンバックを置いた訳ではないから動かすのは嫌だ』と審判に言っただけだ」

と言ったがスゥイーニーは、

「僕は今まで乱闘なんて起こしたことはないが、今回はやらなければならなかったんだ。ウィーバーは才能のある若い投手だが、もっと野球を神聖に見てもらいたいね。彼が今日したことは許されないことだ。だからやるしかなかったんだ」

と依然として怒り続けていた。

ロジャー・クレメンスVSマイク・ピアザの因縁の対決

乱闘のきっかけで一番多いのは、やはり胸元より上に当てられたデッドボールで、ビーンボールまがいの危険な球はその場限りの乱闘に終らず、後々まで後を引くケースも多い。

そうした因縁の関係として有名なのが、ヤンキースのロジャー・クレメンス投手とメッツのマイク・ピアザ捕手だ。

二人はニューヨークのライバルチームに所属し、リーグは違うが交流試合で度々対戦してきた。その試合でピアザが何度かクレメンスから特大のホームランを打ったことがあり、打率も5割8分3厘と完全に圧倒。クレメンスにとってピアザはまさに天敵だった。

そんな二人が2000年の7月8日、再び交流試合の〝サブウエイ・シリーズ〟で対戦したのだが、このときクレメンスがピアザの頭にボールをぶつけ、ピアザが失神してその場に崩れ落ち病院に担ぎ込まれるという騒動があった。

ヘルメットの耳当てのあたりに当たったボールはカーンという金属音を球場中に響かせた。現役時代にやはり頭にボールを当てられて大怪我をした経験のある敵チームのドン・ジマー・ベンチコーチも思わず顔を曇らせたほど、それは衝撃的な一瞬だった。

クレメンスは、これまでも〝ビーンボールまがい〟の球を投げる騒動を起こしたことが何度かあった。

まだヤンキースに移籍する前、ブルージェイズに所属していたときには、ヤンキースの一番のスター選手デレク・ジータにビーンボールすれすれの球を投げて、ヤンキース側が激怒し乱闘となったこともある。

2000年のプレーオフ・リーグ優勝決定戦第4戦のときには、当時、マリナーズに所属していたアレックス・ロドリゲスに1回の第1打席でいきなり胸元すれすれの球を投げ、ロドリゲスを仰け反らせた。過去の対戦でロドリゲスはクレメンスを3割4分1厘と打ち勝っており、「これはわざとに違いない」とマリナーズ側はすぐに反応した。

次の回、マリナーズ先発ポール・アボットがヤンキースのホーヘイ・ポサダ（捕手）の頭近くに球を投げて仕返しをし、試合後にはルー・ピネラ監督が怒りの会見を行ったのだ。

「彼がウチの選手にぶつけたいのなら、我々も彼の仲間にぶつける。『**私はウチ**

の選手を守るんだ』ということを彼に知らしめているだけだ」

一方のヤンキース、ジョー・トーレ監督は、

「ロジャーはＡ・ロッド（ロドリゲス）にぶつけるつもりで投げたのではない。内角を攻めることは必要なことだ。我々は誰かにぶつけるつもりでやってはいない。彼はただアグレッシブに内角を攻めただけなんだ。それが彼のピッチングなんだよ」

と必死に弁護したが、かつて敵だったときに「ジータがクレメンスにぶつけられて激怒したこと」を指摘されると、

「誤解はしないでもらいたいが、敵のベンチにいるときは、やはり頭にくるものだよ。でも、あれがロジャーのピッチングスタイルなんだ」

と苦しい言い訳をするしかなかった。

さて、頭にボールをぶつけられて失神したピアザは翌日、異例の会見を開き、

「ロジャーは何度もサイ・ヤング賞を受賞した素晴らしいピッチャーだけど、僕はもう彼を尊敬できない。あのボールは、間違いなくわざとぶつけたものだ」

と怒りを顕にした。クレメンス側はもちろん、

「ぶつけたのはわざとではない」

と主張したが、世間はすっかりクレメンスを悪役にし、批判が集中していた。

数日後、クレメンスはピアザに謝罪するため電話をかけたが、ピアザは、

「話したくない」

と電話に出なかったという。

メジャー史上前代未聞!
クレメンスに『バットを投げつけられて乱闘になった』ピアザ

そんな因縁の二人が再び顔を合わせたのが一昨年のワールドシリーズだった。そしてクレメンスは、ここでも前代未聞の事件を起こしている。

第2戦の1回、打席に入ったピアザがクレメンスの投げたボールを打つと、バットが3つに折れて飛び散り、ボールは一塁線に飛んでファールとなったが、打球のゆくえを見失ったピアザは一塁へ走って行こうとした。そのとき、クレメンスが自分の足下に飛んできた折れたバットのヘッドの部分を拾い上げ、それをピアザの走る方へ投げつけたのだ。

「何だ。何か文句があるのか?」

ピアザがすかさずそう言ってクレメンスの方へ向って行くと、両軍のベンチから選手が飛び出す乱闘となった。打者がボールをぶつけられて乱闘になることはよくあっても、**『バットを投げつけられて乱闘になる』**というのは、長いメジャーの歴史の中でもこれが恐らく初めてのことだった。

試合後、ピアザは、

『何か文句があるのか』と言っても彼は何も答えなかった。全く妙な出来事としか言いようがないよ」

と怒るというよりも呆れていた。クレメンスの方はと言えば、

「試合が始まったときは、すごく感情が高ぶっていた。あまりにも周囲がピアザと俺のことを騒いでいたから、それに影響されてしまったと思う。ただ自分の自信を保ちたかった。バットを投げたのは、わざとじゃない。マイクがあそこにいるとは気付かなかった」

と説明したが、周囲はやはり首を捻った。

確かに、このワールドシリーズが始まってからというもの、テレビではクレメンスの投げた球が頭に当たって失神するピアザの映像が何十回、何百回と流されており、クレメンスの心中が穏やかでなかったことは察せられた。

DOUSHI TANO~?
Mets
BETSU NI~。
CLEMENS
22

しかし、その因縁をひきずっての出来事なら、何でクレメンスが怒って折れたバットを投げつけたのか？

相手を威嚇するための新手の作戦か？

それともただ感情が高ぶり過ぎて抑えられなかったのか？

その答えを言い当てられる者は誰もいなかった。

クレメンスはこのバット投げつけによって退場処分は受けなかったが、翌日になってメジャーリーグ機構から約5万ドルの罰金を科せられることになった。選手個人に対する罰金としてはメジャー史上最高額だった。

前代未聞のその出来事が起こってから、ヤンキースのジョー・トーレ監督はメッツ戦でクレメンスを登板させるのを意識的に避けるようになった。そのため、あれから公式戦で二人が顔を合わせたことは未だにない。唯一顔を合わせたのが昨年のオールスターで、クレメンスはア・リーグの先発を務め、ピアザはナ・リーグのスタメン6番に入っていたが、勝負というよりは祭典の色彩が濃いオールスターだけに、さすがに今度は何の事件も起こらなかった。

クレメンスは相変わらず、内角高めの直球で打者を威嚇するピッチングをやめてはいないが、昨年春、メジャーリーグ機構が、

「投手が打者の頭近くに球を投げたりぶつけた場合は、審判は投手に『即刻退場』を言い渡すことができる」

という新たなルールを導入した。

「このルールは、クレメンスのことを念頭に置いて作られたものだろう。これで彼の投球が何らかの影響を受けることになるかもしれない」

と心配したのはヤンキースのトーレ監督だった。当のクレメンスは、

「俺は全然心配していない」

と語っていたが、少なくともこれで乱闘は多少は減ったかもしれない。

〝仕返し〟も野球の一部なんだ

２００２年のオープン戦でも早速、仕返しを巡る騒動があった。

メッツ対ドジャースの試合で、マイク・ピアザがドジャースのエリック・ギャグニー投手から左腕にデッドボールをぶつけられた。次の回にすかさずメッツのマーク・ガスリー投手がブライアン・ジョーダンの太ももにデッドボールをぶつけたのだが、この仕返しにジョーダンが激怒した。

「ガスリーはバレンタイン監督から〝ぶつけろ〟というサインを送られたんだ。ガスリーが俺に仕返ししたかった訳でないことは間違いないね。もし投手自身にぶつける意志があったら、もっとあからさまな球を投げたはずさ。ガスリーが自分でぶつけてきたなら、それは構わないんだ。彼にはチームメイトを守る義務があるからね。しかしバレンタインが指令したなら別問題だよ」

一方、ジョーダンのその言葉を報道陣から聞いたバレンタイン監督は、

「何だって？　なぜ私がそんなことをすると言うんだ。だいたいジョーダンは仕返しのデッドボールがくることを予期して体を引いていたじゃないか」

と怒った。とは言え、バレンタイン監督は〝仕返しのデッドボール〟には肯定的で、仕返しをすることによってチームが一つにまとまるという効果があると主張している。

「仕返しも野球の一部なんだ。頭を狙うことはどんな場合でも許されることではないが、そうでなければぶつけられたらぶつけ返すのは当然だよ」

と言い、昨年の新庄のケースを引き合いに出した。

新庄がカージナルス戦でデッドボールを受け、メッツの先発ケビン・エイピアーがすぐに仕返しのデッドボールを相手打者にぶつけたのだが、そのときメッツ

のベンチでは、
「やったなエイピアー。さすが男だね」
という声が上がったという。
仕返しは勇敢な英雄の証。
チームが一丸になるためにも仕返しは必要。
それが「メジャーの掟」なのだ。

超ITEYo!
YURUSHI MASEN!!
DAREDA! BUTSUKE TANO!?

UNWRITTEN RULE OF MLB

4

判定に対する不満顔、抗議は御法度 審判を敵に回さないのが メジャーの鉄則

メジャーの審判は**「退場」**を言い渡すタイミングが、日本よりずっと早い。

気が短いのか、それとも自分の権力を誇示したいのか、あるいは選手や監督の言い分をその都度聞いていると試合が進まなくなるため、絶対的権力を示す必要性を感じてわざと気短にしているのか。いずれにせよ、例えば打者が球審のストライクの判定で三振になったとき、その判定に不満を見せて、

「ファック」

などと言えば、即刻退場を言い渡される。なかには、

「ちっ」

と舌を鳴らしただけでも退場させられるケースもある。

『5試合出場停止』処分を食らったロベルト・アロマーの『唾吐き事件』

選手と審判の衝突で最も有名な出来事といえば、96年9月27日に起こったロベルト・アロマー（当時オリオールズ、現メッツ）の唾吐き事件だ。

アロマーが球審ジョン・ハーシュベックのストライクスリーの判定に納得がいかないと猛抗議したところ退場を言い渡され、その処分にさらに腹を立てたアロマーがしつこく抗議を続けると、ハーシュベックが何やら酷い言葉を使ってアロマーを罵った。そこでキレたアロマーがハーシュベックの顔に唾をかけたというものだった。

「審判に唾をかけるとは何事か！」

周囲はそう言ってアロマーを厳しく非難し、まさに世間を全て敵に回したような状況に陥った。身内が味方についてくれた以外はどこへ行ってもブーイングや罵倒を浴びせられ、マスコミからも厳しく叩かれた。メジャーリーグ機構からは**『5試合の出場停止』**という厳しい処分を受けたのだが、それでもまだ処分が甘いと世間から批判された。

あえてアロマーに同情するならば、オリオールズはこのときプレーオフ進出のためには1敗もできない状況にあり、「どうしても勝たなければ」という気持ちが冷静さを失わせていたという面もある。

しかしメジャーでは、試合中の判定に関して審判が絶対的な権限を握っている。選手が審判に汚い言葉を使って抗議すると**『即刻退場』**となるが、審判が選手に汚い言葉を使っても退場になることはない。しかも彼らは結構、汚い言葉を使うことも多いらしい。

ちなみにこのハーシュベック審判も言葉づかいは荒い方らしく、伊良部秀輝投手がヤンキースに入団して1年目の夏にストライクの判定を巡って激しく言い争いをしている。このとき同審判は差別的言葉を使ったとして、試合後にメジャーリーグ機構から取り調べを受けたが、結局、証拠がないため何の処分も受けなかった。

PE!
ANTA!
YATTANE!!

球審に背を向けて文句を言う佐々木とバットで無言の主張をするイチロー

昨年の5月には、メッツのマイク・ピアザが退場させられる出来事があった。これまで退場処分などまず受けたことがないピアザだが、このときは相手走者が際どいタイミングで三塁からホームに滑り込み、ピアザ捕手がブロックしたものの判定はセーフ。

「今のはアウトじゃないのか」

と抗議しても聞き入れられず、苛立ちを募らせて被っていたマスクを外し、地面に投げつけた瞬間に、

「退場」

のコールをされてしまった。思い切り強く叩きつけた訳ではなく、

「クソっ。うまくブロックしてアウトにできたと思ったのに」

という悔しさからポンと投げたような感じだった。

それくらいの感情を表に出すことは真剣勝負をしている選手にとっては自然なことだが、審判にはそれが自分に楯突く行為に見えたのか、すぐさま退場指令を

下したのだ。厳し過ぎるのではないかと思えるほどの審判のジャッジだった。

２００１年はピアザのように、これまで審判の判定に抗議して退場を食らったことなどなかったカージナルスのマーク・マグワイアも退場の経験を味わっている。ストライクゾーンの大きな修正が行われ、高めに広くなったため、判定を巡って選手と審判の考え方に食い違いが出るケースが増えたことが原因だろう。

退場とまではいかないものの、審判のストライクの判定に不満な顔を見せた場合は、その後の判定をさらに厳しくされてしまうことも多い。そのためマリナーズの佐々木などは、ストライクの判定に不満があると、球審に背を向けながら、

「えー、あれがボールか？」

などと文句を言っていることもある。不満な顔を球審に見せないように気を遣っているのだ。

イチローも『ボール』と思った内角の球をストライクと判定されたことがあったが、そのときは**バッターボックスの白線の上をバットで何度もなぞり、無言の主張**をしていた。

審判の感情を害しては、選手にとってもチームにとっても不利になるため、**「いかに穏便に済ませながら自分の主張もアピールするか」**

選手にとってはそんな駆け引きも大事なようだ。

え？いまの
ボール？
ですよね。
OK. OK.
OK.
OK.
クルッ
どこが
ボールじゃ
ちゃんとみえとんのか

ボール
ここ通ったよねェ。
ココ。
おっかしい
なァー。
ブツブツ
ブツブツ
ブツブツ
ブツブツ

メジャーの抗議王・ポール・オニールの激怒

もっとも、駆け引きなど関係なしに、審判の判定にいつも怒りをぶちまける名物選手もいる。昨シーズン終了と同時に引退したヤンキースのポール・オニールがそうだった。

彼は8年間、シンシナティー・レッズに所属した後、ヤンキースに移籍して伝統のチームで右翼を9年間守り続け、通算打率2割8分8厘、2105安打の数字を残し、外野手としては球団史上四人目の4年連続100打点を達成した選手。98年から三年連続のワールドシリーズ制覇にも大きく貢献し、ヤンキースの〝ハートであり魂〟と言われるほどの存在だった。

しかし、球審のストライクの判定には、〝毎試合のように〟と言っていいくらい頻繁に文句を言う。ストライクのコールを聞いた途端にジャンプして身を揺らしながら激怒し、唾を飛ばす勢いで球審に文句を言うこともあれば、

「ちくしょうっ!!」

などと吼えながらバットを地面に叩きつけるのもよく見かけた。

ぬお゛〜〜!!

「何だ。判定に文句があるのか？」

と突っかかってくる審判にはベンチから怒鳴り返し、ヘルメットを地面に叩きつけたこともある。その激しさは現役晩年の三十代後半になっても衰えるどころか、さらに過激にさえなっていた。

「ポールは勝負へのこだわりが人一倍強い選手なんだよ」

ヤンキースのジョー・トーレ監督はそう言ってオニールをよくかばっていたが、ニューヨークのタブロイド紙が『判定に対する激怒ぶりがあまりにも目にあまる』と批判的に書いたこともあった。ヤンキースと言えば伝統を背負った紳士の球団というイメージが強いため、そんなチームの一員としては相応しくない行為と受けとめられたのだ。

チーム周辺でそんな話題が持ち上がった頃、トーレ監督がチームミーティングの場で、

「ヘルメットやバットを地面に叩きつけるような乱暴な行為には罰金を科す」

と言ったという噂が流れたことがあった。その場で特定の選手の名前は挙がらなかったらしいが、地元紙は、

「オニールのことを指摘しての発言だろう」

と書いていた。しかしこれでオニールの激怒が収まったかといえば、あまり効果はなかったようだ。

自分の帽子を蹴飛ばしながらベンチに戻ったルー・ピネラ監督

マリナーズのルー・ピネラ監督やメッツのボビー・バレンタイン監督のように、審判とよくやり合うことで有名な監督もいる。

ピネラ監督の場合は球界の中でも一、二を争う短気な性格で、90年から3年間、レッズの監督を務めていた頃には、試合後のクラブハウスで選手と言い争いとなり殴りかかったこともある。

93年にマリナーズの監督に就任してからも、審判の判定に腹をたててベンチから抗議に飛び出して行くシーンがよく見られた。米国のスポーツ番組などで、ピネラ監督のこれまでを振り返るハイライト集を放送するときなど、抗議シーンばかりが出てくるほどだ。

98年8月のクリーブランドでのインディアンス戦では、

『二塁のラリー・バーネット審判の判定に激怒し、ベンチを飛び出して抗議したが判定が覆らず、自分の帽子を地面に叩きつけてそれを蹴飛ばしながらベンチに戻っていった』

という有名なエピソードもある。ちょうどマウンドのあたりから蹴った帽子は六度目のキックで何とスタンドに入ってしまったほどで、その剣幕の凄さが帽子に乗り移っているのではないかと思うほどだった。

しかしアニタ夫人から、

「あまり感情を表に出しちゃだめよ」

とたしなめられ、頭を冷やしたピネラ監督は翌日、報道陣に、

「あれは、俺のキックのテクニックをちょっとばかり見せようと思って。みんなから少年時代の憧れの選手はルー・グロザ（NFL『ブラウンズ』の名キッカー）だったのかって聞かれちゃったよ。もし俺が筋肉増強剤でも使っていれば、帽子は場外まで飛んでいったかもね」

とジョークを飛ばした。すぐにキレて激怒するが後には残さないタイプであるため、憎めない存在。それがピネラ監督だ。

JŌDANJA NAIZO!!
GAO

しかしその短気な性格も、チームが好成績を挙げプレーオフ進出の常連にまでなってきた２０００年からは、ずいぶん陰を潜めるようになった。ピネラ監督自身もそれを認め、

「妻からは、『あなたも大人になったわね』と言われた。もうすぐ六十になろうという俺に向ってだよ」

と笑いながら語ったこともあった。

〝パフォーマンス型〟抗議の常連・バレンタイン監督

一方のバレンタイン監督は短気とは趣が異なり、一言で言えば、〝パフォーマンス型〟

激しく抗議することでチームの士気を高めたり、一つの作戦として利用している面が強いと言われている。

かつてこんなエピソードがあった。

バレンタイン監督がレンジャースの監督をしていた頃のことだ。

当時のア・リーグ審判だったスティーブ・パラーモと試合で一緒になると四六時中と言っていいほど判定を巡って言い争いをしていた同監督は、91年にパラーモが泥棒を捕まえようとして格闘し大怪我を負ったとき、当時のアスレチックス監督トニー・ラルーサとともにパラーモの治療代を寄付しようと野球記念グッズのコレクター・ショーを開催した。

「試合中の俺とボビーはまるで犬猿の仲のように言い争いをしてきたのに、こんなことをしてくれるなんて驚いた。このようなことができる彼の人柄がわかったよ」

パラーモはそう感激したが、メディアの中にはそれを〝ジェスチャー〟と指摘する記者もいた。

99年の6月9日には審判に抗議して退場となり、眼鏡と付け髭をつけてベンチのすぐ横にある通路まで出てきて問題となったこともある。

その試合前、バレンタイン監督は当時メッツに所属していたボビー・ボニーヤ選手と激しい言い争いをしており、その『眼鏡、付け髭パフォーマンス』もチームの嫌なムードを払拭するための〝ジェスチャー〟だと書かれたりした。

しかし短気が原因にしろジャスチャーにしろ、審判に抗議することで有名になった選手や監督は、そこまで極めるのに相当なキャリアを積んできている。

メジャーでプレーし始めたばかりの日本人選手にとってはやはり、審判への抗議はご法度だろう。

CHIGAI MASU.
TŌRIGAKARI No. MONODESU.
KANTOKU DESHO?

MAJOR LEAGUE COLUMN

1 メジャーリーガーと言えど、ゲンも担げば神頼みもする

野球といえば**「ゲン担ぎ」**がつきもの。

勝っている間は同じパンツをはき続けたり、毎日同じものを食べ続けたり、球場へ通うのに道順を決して変えなかったりというゲン担ぎはよく耳にする。

これは日本の球界に限らず、やはりメジャーでも同じだ。

「僕はゲン担ぎは嫌いだね」

と否定する選手は多く（以前、取材した経験では10人に8人はだいたい否定する）、

「毎日欠かさず続けていることはある。でもそれはゲン担ぎとは違う」

と言い張る選手もいる。しかしいずれにせよ、選手のほとんどは自分の調子を維持するために、毎日欠かさず同じことを続けるという言わば〝儀式〟のようなことをしているものだ。

『レッドソックス』ノーマー・ガルシアパーラの〝儀式〟

レッドソックスのノーマー・ガルシアパーラ遊撃手は、何もかもが毎日、さらには毎打席、同じでなければ気がすまないタイプ。

ガルシアパーラがユニフォームの下に着ているTシャツは、洗濯を繰り返してすっかり

色落ちし、首の周りがほころびてビリビリに破けている。パンツの上には太ももの真ん中あたりまでの丈のガードルのようなものをはいているが、それもお尻の部分がボロボロに破けてほとんど布がない状態になっている。それでも同じものを着続けないと気がすまないらしく、どんなにボロでも気にしないで身につけている。

　打席に入るときには毎回、同じ仕草を儀式のように繰り返す。

　この儀式に盛り込まれている動作がいくつもあるため、はたから見ると非常に忙しなく、それがガルシアパーラのトレードマークにもなっている。

　その儀式というのはまず、**打席に入ると両手にはめた手袋を片方ずつ引っ張ってより深く手を差し入れ、止め具になっている手首の布部分を外してしっかりと締め直し、それも両手交互に行う。それからつま先を片方ずつ**

メジャーリーガーと言えど、ゲンも担げば神頼みもする

地面でトントンと叩き、そこでやっと構えに入る。これを毎打席、一度ずつやるのではなく、相手投手が一球投げるごとに、打席を一旦外して行っているのだから、本当に徹底している。しかも、

「僕はそれを小さい頃からやっているんだ」

そうで、

「とにかく手や足を覆っているものは、なんでもきつく締まっていないと気がすまないのさ。つま先を地面で叩くとスパイクの中の一番深い部分にまで足が入る。手袋も同じ。少しでもゆるんでいるとダメなんだ。エネルギーを最高レベルに上げるときには、スパイクも手袋もきつくしておかないとダメなんだ」

と言う。

ゲン担ぎの儀式と言えば、今年、ホワイトソックスから古巣のヤンキースに戻ったデビッド・ウェルス投手は、**登板する日に必ずクラブハウスでメタリカの曲をガンガンの音量で聞くのが慣わし**になっている。

ヤンキースのクラブハウスは普段は静かで、他のチームのクラブハウスのように音楽を流していることはほとんどなく、しかも大音量で音楽をかけるなどまずあり得ないようなところなのだが、ウェルスの場合はそんなこともお構いなし。自分のロッカーの前にラジカセを置き、自分がその場を離れている間も曲を流しっぱなしにしている。しかし、

「それが彼の登板前の儀式であり、それをやらなければいい投球ができる気がしないのなら」

と周囲も黙認しているのだ。

グラブやバッティング・ヘルメットを〝お守りか何か〟のように長年使い続けている選手というのも多いが、ガルシアパーラのグラブも8年以上使いこんだものだ。もし縫いこんである紐が切れたときは自分で修理しているそうだが、あまりにも古いため、そのグラ

ブのレザーは現在では全く市販されていないらしい。

「これは僕の子供みたいなもの。寝るときも手放さないよ」

ガルシアパーラはグラブに頬擦りしながらそう語ったこともあるという。グラブは試合用と練習用で二つ持っているが、そのどちらも他人には決してさわらせないというから、その愛着ぶりは相当なものだ。

また、野球帽は1シーズンに一つしか使わず、どんなに汗がしみて臭くなっても変えないらしい。とにかく毎日、徹底して同じものを使う。そうしなければ試合に臨めない、繊細な神経の持ち主なのだろう。

メジャーの選手の多くは道具を非常に大事にし、よりよい道具を使うということに真剣である。

今年の開幕前、ジャイアンツのキャンプをずっと見てきたが、新庄と同僚のマービン・

メジャーリーガーと言えど、ゲンも担げば神頼みもする

ベナードがグラブ談義に花を咲かせているところを何度か見かけた。ベナードは、新庄が移籍してきたことでレギュラーの座を失ってしまった立場の選手だが、かといって新庄に対しわだかまりを持っている様子もなく、

「とにかく自分自身がベストを尽くしてチームの助けになればいいと思うし、新庄がチームを助けてくれるならウエルカムだよ」

と言うナイスガイだ。

キャンプ序盤のある日、あるグラブ・メーカーの営業担当者が契約選手の新しいグラブの注文を取りに来ていた。このとき、ベナードが新庄のグラブを参考に注文していたことがあった。守備は下手と言われているベナードだが、「よりよい道具を使うことで実力アップの助けにしたい」という思いもあったのかもしれない。グラブの話になると実に熱心で、

「俺のこのグラブは12年、使っているんだ」

と古いグラブを新庄に見せていた。

カート・シリングが投球前にペンダントを握りしめる意味

メジャーでは、ゲン担ぎやお守りとして**「常にネックレスかペンダントをしている」**選手も多く、していない選手を探す方が難しいくらいの〝ネックレス人口〟である。

2001年のワールドシリーズ第1戦では、ダイヤモンドバックスの右のエース、カート・シリングが試合開始の第一球目を投げる前、**『ホームに背を向け空を仰ぎながら首に下げていたペンダントを手に取り、ギュッと握り締める』**というシーンがあった。

そのペンダントは、シリングが21歳のときにガンで亡くなった父クリフ氏の形見で、高校時代にプレゼントされ、亡くなってからは肌身離さず身につけているという。

The star of major league
OTŌSAN, GANBARU YO. BOKU…
みず

クリフ氏は、存命中はシリングにとってコーチであり一番恐い批評家のような存在でもあったそうで、今は球界で成功するためのまさに守り神的存在。シリングは、自分がメジャーのマウンドに立った姿を一度も見せることなく父を失ってしまったことを何より後悔しており、今でも**自分が登板する試合には必ず父の分の入場券を用意しているという**。

2001年途中に、メッツからフィリーズに移籍した名物リリーフ投手で新庄の友人だったターク・ウェンデルは、首のまわりに**『動物の牙や骨をいくつも繋いだ原始人風のネックレス』**をつけていたが、それは自分が射止めた獲物の本物の牙や骨だった。

自然の豊富なマサチューセッツ州ピッツフィールド出身のウェンデルは大の狩り好きで、狩猟で射止めた獲物の一部をそうしてネックレスにしているのだ。オフになるたびに獲物が増えるため、ネックレスの骨や牙も

メジャーリーガーと言えど、ゲンも担げば神頼みもする

年々増えている。

そのワイルドなネックレスをしてブルペンから登場し、マウンドでウォームアップを終えて、さあ試合再開というときには**必ずロージンバックを思い切り地面に叩きつける**。それがウェンデルの〝儀式〟になっている。

監督のゲン担ぎというのはあまり聞かないが、ヤンキースのジョー・トーレ監督は、**地元で試合がある日は、どんなことがあっても必ずあるイタリアンレストランに寄り、そこで昼食をとってから球場に行く**ようにしている。

選手や監督などではなく、球団職員がゲンを担ぐということもたまにある。メッツの名物広報部長ジェイ・ホーウィッツ氏は数年前に、

「チームが勝ち続ける限り靴下を変えない」

と宣言。周囲からは、

「臭い」「汚い」

と文句を言われていたが、それでもめげずに靴下の願掛けを貫いていた。

『一人息子と亡くなった母親の似顔絵』をタトゥーにしているウェルズ

腕や肩にタトゥーをしている選手も多いが、それらは自己表現の一つであると同時に〝お守りのような意味合い〟もあるようだ。

ヤンキースのウェルズ投手は、腕に**『幼い一人息子と亡くなった母親の似顔絵』**をタトゥーにしてつけている。母子家庭で育った彼は家族への愛情が人一倍強く、

「母親を誰よりも尊敬している」

と言う。

ウェルズ自身も離婚し、息子とは普段は離れ離れに生活していることもあって、その代わり〝気持ちだけでもいつも一緒にいたい〟とタトゥーをつけているのだ。

ちなみにウェルズは父親の顔も知らずに育っており、少年時代はいつも一人でテレビで野球中継を見ていた鍵っ子だった。テレビ中継されていたチームはいつもヤンキースで、

「ヤンキースが俺の父親代わりだった」

と言うほどチームへの思い入れが強い。

メジャーでは信心深い選手もかなり多く、球場の自分のロッカーに『十字架を下げたキリスト像』を飾っている選手もいる。

試合前の空いた時間に聖書を読んでいる選手もいる。

彼らは日曜日の朝に必ず礼拝を行う習慣があるが、メジャーでは日曜日は大抵、午後1時から試合がある。しかし信心深い選手にとっては、試合があっても礼拝を欠かすことはできないため、球場には『礼拝室』というものが設置されている。会議室や会見場を『にわか礼拝室』に仕立てている球団もあるが、中にはホームチーム用とビジター用に2室も

メジャーリーガーと言えど、ゲンも担げば神頼みもする

設置している球団もある。そこで練習前かあるいは練習後、神父が出張してきて礼拝を行っているのだ。

現在、**「メジャーで一番信心深い選手」**と言われているのがロイヤルズのマーク・スゥイーニー一塁手。

親友の鈴木誠投手によると、

「いつもお祈りしている」

とか。

この3年間は、連続で打率を3割台に乗せメジャーでもトップクラスの打者に成長してきたスゥイーニーは、球界でも指折りのナイスガイと評判も高く、気さくで礼儀正しい好青年。しかし昨年は大きく成績を落し、トニー・ミューサー監督から、

「お祈りしているだけじゃだめだ」

ときついことを言われてしまったこともあった。

メジャーという高いレベルで、常に周囲を納得させる数字を残していくには、やはり相当のプレッシャーがある。だから選手達はみな、ゲンを担いだり、お守りを肌身離さず身につけていたり、神にもすがりたくなるのだ。

UNWRITTEN RULE OF MAJOR LEAGUE BASEBALL

メジャーの掟

UNWRITTEN RULE OF MLB 5

ノーヒットノーラン継続中にバントヒットでそれを阻止するのはマナー違反

バントヒットで消えたカート・シリングの完全試合

ダイヤモンドバックスの右のエース、カート・シリングは、メジャー史上に燦然と輝くであろう快挙を成し遂げようとしていた。

2001年5月のことである。

先発登板していたパドレス戦で完全試合達成まであと5アウト。直球の威力も変化球の切れも制球力もまさにパーフェクトだったその日のシリングは、試合が終盤になるにつれ勢いに乗り、気持ちも高ぶっていた。

「もう少し」

ベンチもスタンドのファンも偉業達成をほぼ確信しながら、その投球を息を殺して見守っていた。22人の打者から連続アウトを取り、

「あと5人の攻め方はすでに頭の中にあった」

と言うシリング自身も、確信していた。

しかしそのとき、信じられないことが起こったのである。

8回1アウトから打席に入ったベン・デービス（捕手）が何とバントを試み、それをヒットにしてしまったのだ。

NANDE!?
コン

球場にいた全ての人の緊張が一瞬にして解けた。一塁に出塁したデービスにダイヤモンドバックス・ベンチから激しいヤジが飛び続けた。ガックリときたシリングはその後、さらに2安打を許し1点を奪われた。試合は2対1で勝利したものの、何とも納得のいかない登板となった。

「そりゃあ、ちょっと頭にはきたよ。バントしてくるなんて思ってもいなかったよね。『球界の掟』がどういうものなのか、俺はよくわからないけどさ」

試合後にそう語ったシリングは努めて紳士的に対応しようとしているようだったが、やりきれない胸の内はひしひしと伝わってきた。

ノーヒットノーランがメジャー史上で達成されたのは1900年以降、203試合。そのうち完全試合はわずか14なのだから、シリングのやろうとしていたことがいかに素晴らしい快挙だったかがわかる。

シリングは、球史に残る名勝負となった2001年のワールドシリーズでランディー・ジョンソンと共にシリーズMVPを受賞し脚光を浴びたが、それまで賞と名の付くものや輝かしい記録にはあまり縁のない、どちらかというと運に恵まれないタイプの投手だ。

現在35歳だが、先発投手として初の二桁勝利を挙げ頭角を現し始めたのが26歳のとき。2年前にダイヤモンドバックスに移籍するまでは万年Cクラスのフィリーズに所属していたため、防御率を2点台に抑えどんなにがんばっても17勝どまり。もし強いチームに所属していたら20勝くらいは何度も達成しただろうし、最多勝やサイ・ヤング賞も最低1回は獲っていたに違いなかった。やっと最多勝を獲得したのはダイヤモンドバックス移籍2年目の昨年、22勝を挙げたときだった（カージナルス、マット・モリスとのタイ記録）。

ノーヒットノーランもこれまで一度も達成したことがなく、最も惜しい登板だったのが92年のメッツ戦で、1安打完封だった。そんなシリングにとってこのパドレス戦は、久しぶりにやっと巡ってきた大チャンスだったのだ。それをバントで潰されるとは、つくづく不運な男である。

さらに、このバントを巡って試合後に激しい論争が展開され、同情されてしかるべきだったはずのシリングが批判の対象になるという思わぬ展開へと発展した。

批判の引き金となったのは、ダイヤモンドバックス、ボブ・ブレンリー監督の怒りの会見だった。

「あんなものはチープなヒットだ。ベン・デービスはまだ若いから知らないこと

がたくさんあるかもしれんが、あれはやるべきじゃなかったよ」

と会見場に座って唾を飛ばしながらまくしたてる姿が全米のスポーツニュースで流れた。シリングの同僚もみなデービスを非難し、ベテランのマーク・グレース一塁手は、

「あの時点で試合が2対0だったから、まだ勝つチャンスはあると思ってやったんだろうけど、でも俺だったらあそこでバントするガッツはないけどね」

と皮肉たっぷりに語っていた。

一方のパドレス側は、徹底してデービスの擁護に回った。ブルース・ボウチー監督は、

「同じ状況になったらまた我々は同じことをすると思うか？　もちろんイエスだよ」

と強い口調で言い放ち、一歩も後に引こうとはしなかった。

NANDE ANNAKOTO SUNNO!!

エラーで阻止された(?)野茂のノーヒットノーラン

ノーヒットノーランが何とも納得のいかないかたちで阻止されたケースは、これまでのメジャーの歴史の中でも何度か起きている。

１９７９年、パイレーツのブルース・キッソン投手が8回までノーヒットノーランを続けていたとき、パドレスのバリー・エバンスが三塁線へゴロを放ち、フィル・ガーナー三塁手（現タイガース監督）のグラブを弾いて二塁打となった。エバンスは、

「**今のはエラーだろう**」

と主張したが、スコアラーのヒットの判定は覆されずノーヒットノーランの夢は破れた。

２００1年の開幕初登板でノーヒットノーランを達成したレッドソックスの野茂英雄（現ドジャース）も、その快挙からわずか23日後にエラーまがいのプレーをヒットと判定され、シーズン2度目のノーヒッターを達成しそこなっている。

それは地元ボストンで行われたツインズ戦で、野茂は7回までノーヒットノーランを継続していた。

得点は2対0でレッドソックスがリードしており、打席にはツインズのトーリ・ハンター（外野手）が入っていた。ちょこんと打った打球は右翼の浅いところへ飛んでいき、ダレン・ルイス右翼手が懸命に前進してスライディングキャッチを試みた。ボールは一担、グラブに入ったかと思われたが、弾かれてグラウンドに転がった。ルイスが一瞬、打球の判断を誤って出足が遅れていたのだ。94年に一度ゴールド・グラブ賞を獲得している守備の名手にとっては痛恨のミスだった。

しかしこのときの公式スコアラー・ボブ・エリスの判定は「ヒット」。スコアボードに「H」のマークがつくと、ソールドアウトのスタンドを埋め尽くす32222人の観客が、

「えっ!? 何でエラーじゃないの？」

とでも言うように一斉にブーイングの声を上げた。

間が悪かったと言うべきか、エリスはこの日、いつものスコアラーに代わって臨時に仕事を務めることになった人物で、それがメジャーのスコアラーとしてのデビュー戦だった。それでも、スコアラーとしての修行を5年間積んできている彼は、

「公式規定によると、捕球して当たり前の球を捕球できなかったときにそのプレーはエラーと見なされるんだ」

と判定を覆さず、

「もしダレン・ルイスがあの球を捕っていたらほとんどの人は見事なプレーだった、あるいは非常に見事なプレーだったと言ったと思う。しかし彼がもし捕球しなかったとしても彼を責める人はいないと思う。あのケースで彼にエラーをつけるのは、私の感覚では納得いかないよ」

と主張した。

当のルイスは、

「バットの振りが強かったからそれに騙されて判断を間違えたんだ。あれは捕るべき球だった。僕だったらあの打球は九十九パーセント捕れた」

と自分のミスを認め、チームメイトのダンテ・ビシェット外野手は、

「ルイスはチームの外野手の中では一番守備がいい。あの打球を際どいプレーにできるのは彼しかいないよ。俺だったらスリーバウンドくらいでしか捕れなかった」

とかばい、同じくジェイソン・バリテック捕手も、

「捕れるんじゃないかと思ったけどね。でもダレン・ルイスはリーグでもトップクラスの外野手なんだから、彼が捕れない打球があったら、それはヒットだよ」

と言った。

渦中の野茂はどうかと言えば、

「ライトが打球を捕るためにベストの努力をしてくれた。でも僕もあれはヒットだと思います。今日のピッチングは開幕のときのノーヒットノーランとは全然違います。あのときはコントロールがよかったけど、今日は先頭打者を何度も歩かせた」

といつも通りに淡々と語るだけだった。周りにいた報道陣は

『際どいプレーでノーヒットノーランがふいになったことを残念がる野茂』を期待していたようだったが、野茂にはそんな気は更々ないようだった。

しかし地元のファンやメディアは、あのプレーがヒットではなくエラーで、

「『野茂はシーズン2度目のノーヒットノーランをわずか1カ月以内にやってのけるという超快挙』を達成できたはずだ」

と思いたい様子だった。悪者は誰かと言えば、やはりエラーと記録しなかったスコアラーのエリスということになる。

しかし、もし野茂やレッドソックスが、

「あれはエラーじゃないか」

と主張してスコアラーに抗議するようなことがあれば、ファンやメディアは、

「いや違う。あれはヒットと判定されてしかるべきだ」

と反論し、レッドソックス側を非難したかもしれない。

ノーヒットノーランでもバントヒットを狙っていい時もある!?

シリングのケースは丁度、そのような状況に陥っていた。

ブレンリー監督があまりにも激しくデービスのバントを批判したため、メディアがこぞってダイヤモンドバックス側の主張を批判したのだ。

「バントのようなチープなヒットだろうと、チャンスがあれば出塁しようという選手を否定するなんてどうしてできる? 何の小細工もなく単純にただバットを振ってシリングのようなトップクラスの投手を打ち崩せると考えている奴がどこにいるだろうか。しかしダイヤモンドバックスは断固としてそう考えていた。だから一塁に出たデービスをなじったのだ。彼らは恥を知るべきだ」

こう強く批判したのはピッツバーグ・ポスト・ガゼット紙のロン・クック記者だった。

「自分のチームが相手チームと地区同率首位に並んでいるとき、相手のノーヒットノーランが達成されることをまず先決に考えるだろうか？」

と書いたのはCBSスポーツライン・ドットコムの論説委員スコット・ミラー氏だ。シーズン序盤とはいえパドレスは首位に並んでおり、しかも試合はわずか2点差だったため、勝つためにはデービスのバントは正当なことだと主張していた。

本来なら同情される側だったはずのダイヤモンドバックスは、こうして集中砲火の包囲網に晒された。すっかり悪役となってしまったブレンリー監督はそれでも最後まで、

「私は球界に長くいるが、野球には『アンリトゥン・ルール』というのがあって、それを守らなければならないと教えられてきた。自分が正しくてパドレスが間違っていると言っている訳ではないが、ただ私はそう教えられてきたんだ」

と主張を曲げなかった。

ブレンリー監督が言うように、

『ノーヒットノーランをバントヒットで壊すのはマナー違反』

という暗黙の掟は確かにある。

しかし試合の終盤で7点リードしていればそれは確実に当てはまるが、2点差ではどうか。その辺の線引きは、結局のところ曖昧模糊としているようだ。

000000000 0
010100000 2
43

UNWRITTEN RULE OF MLB 6

大量点差でリードしているときに盗塁するのはマナー違反

２００１年は、

「メジャーのアンリトゥン・ルールを巡る論争」

が頻発したシーズンだった。

その中でも大きな話題となったのが、

『リッキー・ヘンダーソンの盗塁に対するデービー・ロープスの激怒事件』だ。

リッキー・ヘンダーソンの盗塁に対するデービー・ロープス監督の激怒事件

7月29日のブリュワーズ対パドレス戦。試合はパドレスが「12対5」の大差で勝利を収めたのだが、すでに7点をリードしていた7回にパドレスのヘンダーソンが出塁し、すぐさま二盗を試みた。

これに怒り狂ったのがブリュワーズのデービー・ロープス監督である。いきなりダグアウトから飛び出してきたかと思うと、マウンドの近くまで歩み寄り、ヘンダーソンに向かって、

「次に打席が回ってきたときはぶつけてやるから覚悟しとけ」

と脅しをかけた。

BUTSUKE CHAUZO!!
?

ロープス監督の怒りは試合が終っても全く収まらず、会見の席では放送禁止用語を連発しながらヘンダーソンを激しく非難した。テレビのスポーツニュースで紹介されたそのシーンはほとんど、

「ピーッ」

が鳴りっ放し。

「リッキーがしたことには賛成できなかったね。彼が歴代『最多得点の記録達成』を目指しているのは知っている。しかし記録を狙うなら**「正しい方法」**で狙って欲しいもんだよ。**野球には「正しいプレーの仕方」と「間違ったプレーの仕方」というものがあるんだ。リッキーのあの盗塁はプロのやることじゃない。**彼は私の友人だったが、もうこれで友人がいなくなったね。ああいうことをやられてはね。**あんなことは許されない行為だ**」

血管が切れるのではないかと心配になるほどの勢いで、そうまくし立てていた。

一方のヘンダーソンは、

「デービーが出てきて何か言ってたけど、チームが負けているから苛立っていたんだろう。俺達が6点か7点もリードしていたからさ。チームが俺に二塁を狙うように言ったんだよ。彼はそれが気に入らなかったんだな。俺は『**ちゃんと野球**

をわかっている』と彼に言ったよ。もし自分の判断だったら二塁を盗もうとはしなかった。指示でやったんだ。俺は彼を尊敬しているし、彼は野球をわかっている人物だと思っているよ」

とロープス監督に対しては敵対する姿勢は見せなかったが、盗塁の場面でマウンドにいたブリュワーズの救援投手レイ・キングに対しては、

「あのピッチャーは何なんだ。俺にガーガー言いやがって。あいつにあんなことを言われる筋合いはないよ。あいつはまだルーキーじゃないか。自分が何を言っているのか知りもしないくせに」

と怒りを顕にした。そのキングも、

「俺にしてみたら、得点の歴代記録をあのようなかたちで更新しなければならないなら、記録の価値もないよ。球界にとって悲しいことだよ。リッキーのことはとても尊敬しているけれど、野球殿堂入りするかもしれない偉大な選手にあんなことをされたら、尊敬する気持ちもなくなるね」

と言いたい放題で、両軍の言い合いはまさに泥仕合だった。

「盗塁のサインが出ていたから走った」と嘘をついたヘンダーソン

ヘンダーソンはメジャー史上でも類を見ない優れたリードオフマン（一番打者）として知られ、80年から91年までの間にオールスター出場10回、90年にＭＶＰ（最優秀選手賞）受賞、リーグ最多得点5回、盗塁王12回獲得と数々の輝かしい勲章を手にしてきた。

１９９０年にはタイ・カブが作った『ア・リーグ歴代最多通算盗塁数』を抜き史上最多の８９３盗塁を達成、翌年には『ルー・ブロックのメジャー記録』を塗り替える９３９盗塁も達成。42歳だった昨年は、４月25日にキャリア通算２０６３個目の四球を記録してベーブ・ルースの『メジャー歴代最多記録』を塗り替え、シーズン終盤には２２４６得点に到達してカブの持つ『メジャー通算最多得点記録』を抜き、レギュラーシーズン最終日の10月7日には、メジャー史上30人目の３千本安打を記録した。

そんな偉大な選手が球界に古くから存在する、

『大量点差でリードしているときに盗塁するのはマナー違反』

という誰もが知っているアンリトゥン・ルールを守らなかったとは、やはり首

NANDE HASHIRUN DAYO~!

を傾げざるを得ない。本人は「サインが出ていた」と言っているがこれは実は嘘で、ティム・フラナリー三塁ベースコーチは翌日になって、

「**盗塁しろなんてサインは出していない。あの盗塁にみんなもショックを受けただろうけど、私もすごくショックだったよ**」

と暴露している。

ではなぜ、そのような場面で盗塁を試みたのか。

数日後のサンディエゴ地元紙には、

「ヘンダーソンはこの時点で節目の3千本安打とタイ・カブの持つメジャー通算得点記録まで非常に近づいてきていた。カブのこの記録を破るというのは、本当に素晴らしい快挙で、ぜひとも破りたいと思うのが人情である。本人は43歳となる2002年も『現役を続けたい』と思っているがそれは叶わないかもしれないし、もし叶ったとしても非常に限られた出場機会しか得られないかもしれない。『**出塁する機会があれば何とか得点を入れたい**』と思う彼を責められるだろうか？」

と書かれていた。

それでもヘンダーソンに同情的だったのはこの記事くらいで、球界内外の声は

大多数が批判的なものだった。

チーム内の誰かが批判の矢面に立たされているときは、普通はチームメイトや監督がかばってくれるものだが、このときはそんな様子も全くなし。パドレスのブルース・ボウチー監督は、ヘンダーソンが報復のデッドボールをくらわないように試合の途中ですぐにベンチに引っ込めたが、試合後は、

「あのとき、リッキーは頭が痙攣していたんじゃないか」

と言い、ヘンダーソンが『盗塁のサインが出ていたから走ったのだ』と主張していると知ると、

「彼は自分がどうしてそうしたのか知っているはずだがね。あれはリッキーが自分の判断で走ったんだ。**私だったらあの場面で走るかって？ 答えはノーだね**」

と冷ややかだった。

結局、ヘンダーソンは球史に残る偉大な実績は残しているものの、周囲から尊敬されるタイプの選手ではなく、むしろ〝身勝手な変人〟として扱われている存在なのだ。問題となったこの盗塁に限らず、これまで独りよがりのプレーや行動をとって批判を浴びたことは数限りない。盗塁すること、得点を入れることという自分の記録にかかわることに対しては集中するが、他の一切のことにはまるで

無頓着なのだろう。

その無頓着ぶりが相手の神経を逆撫でするようなことでなければ、笑い話として済ませることはできる。

例えば数年前、メッツに所属していたときのことだ。番記者の一人があるときトム・ロブソン打撃コーチが解任されたことについてヘンダーソンにコメントをもらいに行った。するとヘンダーソンから返ってきた答えは、

「ロブソンって誰？」

自分のチームで打撃指導をしているコーチの名を知らなかったのだ。

また2年前にメッツからマリナーズにトレードされたとき、ヘンダーソンはチームメイトのジョン・オルルド一塁手に向って、

「君と同じようにいつもヘルメットを被っている選手がメッツにもいたよ」

と言ったこともあるそうだ。

オルルドはかつて頭に死球を受けて頭蓋骨が陥没するという事故を経験して以来、練習中も守備につくときもヘルメットを被っている。そしてメッツでもヘンダーソンとチームメイトだった時期があった。そのことにヘンダーソンは気づいていなかったのである。

HAJIME MASHITE.
MARINERS
OLERUD
5
KANZEN NI WASURE TERUYO...

『アンリトゥン・ルール破り』の常習犯・リッキー・ヘンダーソン

しかし彼の無頓着さはこうした笑えるエピソードよりも、周囲を憤慨させる類のものがほとんどだった。何か問題を起こすたびに四面楚歌となるのはそのためだ。

一方のロープス監督は87年に42歳で引退するまで16年間メジャーのユニフォームを着続けオールスターに4度出場、盗塁王2度獲得、ゴールド・グラブ賞も1度獲得した名手だった。ブリュワーズの監督に就任したのは2年前。球界でも良識人として知られており、試合中に激怒して脅しをするような人物ではなかったはずだった。

恐らく苛立ちが溜まっていたのだろう。

監督としてここまでの2年間、チームは低迷し、ファンの間では監督采配を批判する声が噴出していた。実際、『もう投手を代えた方がいいのではないか』という場面で続投させたり、『続投させた方がいいのではないか』という場面で交代させたり、『バントの苦手な選手にバントをさせて失敗したり』ということが目立っていた。

あるとき、試合中にビリー・カストロ・コーチをブルペンで投球させ、敵にあたかも投手交代するように見せかけるという奇策を使い、周囲を唖然とさせたこともある。苛立ちが監督の判断力を狂わせていたのだろう。

さて、「球界一の身勝手男」と「焦り苛立つ監督」の対決の結末は、ロープス監督の2試合出場停止処分というかたちで決着した。

「大量リードしている試合の終盤で盗塁を試みるのはヘンダーソンのマナー違反である」という批判はあるものの、アンリトゥン・ルールを破ったからといってメジャーリーグ機構が処分を下すことはできない。しかし試合中にヘンダーソンを脅したロープスの行為は処分に値すると判断されたのだ。

「私があんなことを言ったのは間違っていた。**しかし野球にはやってはいけないことがあるし、選手にそれを守らせる必要があるんだ。私は古い人間だが、アンリトゥン・ルールは私が生まれる前からあったし、これからもずっと残っていくものだ**」

処分を知らされたロープス監督は落胆しながらそう言った。

ヘンダーソンの方も、

「出場停止処分にするのはフェアじゃないね」

と言う一方で、

「俺は間違ったことはしていないぜ。あのとき一塁手は俺をマークしていなかったんだからな」

と自分の主張は曲げなかった。

この騒動をきっかけに『盗塁のアンリトゥン・ルール』については様々な意見が交わされたが、ヤンキースの名将ジョー・トーレ監督はこんなことを語っている。

「盗塁をするべき場面かどうかは試合の点差だけでなく、その選手がどのようなつもりで盗塁したかも考慮して判断するべきだね。**もしヘンダーソンの盗塁が〝自分勝手な気持ち〟からの行為で、チームにとってプラスになるものではなかったとしたら、やはりそれは間違っているということになる**」

ヘンダーソンはこの騒動の約2カ月前、ゲーリックの『歴代最多四球記録』を破る四球を選んで出塁したときも二盗を試み、あっけなく捕手に刺されアウトになっている。試合は9回、味方が2点を追う展開で、確実に点を返すためには慎重さも要求される場面だった。

「チームのことを何も考えない馬鹿な行動」

このときもそんな批判の声が聞こえていた。

記録樹立で頭が一杯のヘンダーソンは、『アンリトゥン・ルール破り』の言わば常習犯という訳である。

UNWRITTEN RULE OF MLB 7

アンリトゥン・ルールが書き換えられた(?)佐々木の最悪登板

メジャー史上最悪の大逆転劇

2年目の佐々木主浩投手にとって悪夢のような出来事が起こったのは、8月5日だった。

クリーブランドで行われたインディアンス戦でのことだ。マリナーズは5回終了時点で12対2と大量リードしておきながら7回から救援投手陣が総崩れ、9回の2アウトから登板した佐々木は、何か見えない力に引き込まれでもするかのように同点の3ラン適時打を浴びた。

これが延長11回で12点差をひっくり返されるというメジャー史上最悪の大逆転劇につながったのだ。

「クレイジーだよ。すぐに忘れるべき試合というのは、こういうのを言うんだ」

そう言ったのはこの試合に先発し5失点、6回3分の2で降板したアーロン・シーリー投手。負けるといつも不機嫌になるルー・ピネラ監督は、このときばかりは笑みさえ漏らしながら、

「彼らがやったことはほとんど不可能に近い。でも彼らはやってのけた。言う言葉なんかあるかい？」

13てん
12てん
SHINJI
RARENAIYO.
MARINERS
14

と語り、総崩れした救援投手の一人ノーム・チャールトンは、

「こんなことは二度と起きないと賭けてもいいよ。アーサー・ローズ以外の救援陣は誰一人いい投球ができなかった」

と言った。この日は完全オフをもらうはずだったが11回の先頭打者として代打で登場し三振に倒れたブレット・ブーン（内野手）は、

「こんなことは異常だよ。あり得ない。たとえどんなに素晴らしい打線だとしても12点差をひっくり返すなんてできないよ。でも彼らはそれをやっちゃったんだ。こっちはみっともないけど、彼らがよくやったってこと」

と首を振った。

スポーツの記録と統計を調査しているエリアス・スポーツ・ビューロー社によると12点差をひっくり返して勝利をおさめたのは、メジャーのタイ記録で１９１1年のデトロイト・タイガース、１９２5年のフィラデルフィア・アスレチックス（現オークランド）に次いでインディアンスが三度目。実に76年ぶりの奇跡だった。

全米ネットの有線テレビ『ＥＳＰＮクラシック』チャンネルは、翌日にすぐさまこの試合を放送した。そのことからも、この試合がいかに衝撃的だったかがわかる。

『ESPNクラシック』というのは、過去の歴史に残る名勝負ばかりを放送するスポーツ専門チャンネルであり、このマリナーズ対インディアンス戦が一日で歴史に刻まれたという訳だ。

12点差をひっくり返されたマリナーズ

マリナーズは、この試合に入る時点でア・リーグ西部地区で2位アスレチックスに19ゲーム差をつけ圧倒的強さで首位を独走していた。3回を終った時点でマリナーズは12対0と圧勝。5回を終った時点でもまだ12対2だった。

「もう決まりだ」

両軍のベンチはそう思っていた。実際、インディアンスのチャーリー・マニエル監督は、ロベルト・アロマー（内野手）、ホアン・ゴンザレス（外野手）、エリス・バークス（外野手）、トラビス・フライマン（内野手）の4人の主力レギュラーをこの5回でみな引っ込め、マリナーズのルー・ピネラ監督もイチロー、ジョン・オルルド（内野手）、エドガー・マルチネス（内野手）の3人を7回までに引っ込めていた。

ドラマが始まったのはその後である。

インディアンスは7回に3点、8回に4点、9回に5点を入れて同点に追いついた。7回途中からシリーを救援したハラマ、チャールトン、ネルソン、佐々木、ローズ、パニアグアの6人の救援陣が3回3分の2で被安打15、失点10。この同じメンバーは7月6日から8月4日までの約1カ月間にトータルでわずか8点しか失っていなかったのだから、全く信じられない事態だった。

中でもショッキングだったのは9回2アウトからの攻防である。あと一つアウトを取れば試合は終わり、白星が転がってくるという状況でありながら、その最後のアウト一つが取れなかった。

9回の頭から登板したチャールトンは先頭打者に単打を許したものの、次の二人から連続アウトを取ったが四人目の打者に二塁打を打たれて二、三塁に走者を背負い、そこでネルソンにバトンタッチ。しかし、

「12対2の時点で今日は休みだと思っていたんだ。それが突然、出番が回ってきた」

と言うそのベテラン・セットアッパーも四球と適時打で2点を奪われ、1アウトも取れないまま降板となった。

出番は佐々木に回ってきた。

この雪崩のように失点を重ねる状況も、魔神がきっと食い止めてくれる。マリナーズ・ベンチにはまだこのとき、そんな自信が漂っていた。

が、佐々木は最初の打者ケニー・ロフトン（外野手）に左翼前打を与えてしまう。これで9回2アウト満塁。迎えたのはインディアンスで一番いやらしいバッターとして知られるオマー・ビスケル（内野手）だった。彼は別のマリナーズ戦でアーサー・ローズの耳のピアスに、

「太陽が反射して眩しくてボールが見えない」

といちゃもんをつけ、動揺したローズを打ち崩すという頭脳プレーをしたこともあり、とにかく何をしでかすかわからないところがあった。

1球目は空振りストライク。2球目、ボールの後、3球目はまた空振りストライクでカウントは「2ストライク1ボール」、佐々木有利となった。が、次に2球連続ボールを与えてフルカウントとし、次の2球をファールで粘られた。

佐々木がマウンドで何か呟いた。

次の球が勝負だった。

そして8球目、ビスケルの打った打球が右翼線の一番深いところへ飛んだ。途

中出場の控え外野手チャールズ・ギブソンが打球処理にもたつき、ビスケルは三塁へ。走者一掃の同点タイムリーだった。

試合の最後は、延長11回に救援したホゼ・パニアグアが1アウトからジョルバート・カブレラにタイムリーを許し、インディアンスが15対14で奇跡のカムバックを完結させた。

「佐々木がビスケルに打たれた球は外角に行くはずだった。それが内に入ってしまった」

無念のピネラ監督はそう言った。

試合の後、監督はブライアン・プライス投手コーチと午前2時半まで球場のクラブハウスに居残り、反省会のミーティングを行ったという。

「翌日の先発予定だったジョエル・ピネイロを救援に使えばよかったかもしれない」

それが敗戦の将の弁だった。

「もし投手陣12人体制にしていたら、あんなことにはならなかった。いつもなら12人体制でやっていたんだが」

このときマリナーズは若手の中継ぎ投手を一人、マイナー送りにしたばかりで、

Boo!
MARINERS
22
Boo!
火だる魔人。

代わりに昇格させる投手をまだ決めておらず、たまたま11人体制になっていたという。

『試合の終盤で5、6点リードしていれば安全圏』か!?

この試合は、

「**終盤で5、6点リードしていれば勝敗は決まったも同然**」

という球界の神話を完全に崩壊させた。

「今の監督達は古い慣わしにとらわれず、現代野球のスタイルに合った試合をするよう頭を切り替える必要がある。この試合はそれを示す最高の例だった」

ニューヨーク・タイムス紙の野球コラムニスト、マレー・チャス氏は自身のコラムでそう書いた。サンディエゴ・ユニオン・トリビューン紙のニック・カネパ記者も、

「球団を次々と創設しリーグを拡張してきたことで、投手力はかつてより弱くなっている。しかも現代は、バットを折りながら打った打球がホームランになる時代。『**何点リードすれば安全圏**』ということはもうなくなってきている。マリナ

MOU
NETETEMO.
DAIJOUBU♡

ーズのようなことは他のチームにも起こり得る時代になっている。野球はこのように進化してきたのだ」

と書いている。

マリナーズのような球界屈指の救援投手陣を擁するチームでも12点リードをひっくり返されてしまうなら、

「試合終盤の5点や6点リードで盗塁やバントを試みるのは正当な行為ではないのか」

そんな議論が全米で巻き起こった。

『何点リードなら安全圏か』という論争はこれまでにも何度か行われてきた。

今からちょうど10年前の1992年、当時ブリュワーズ（現タイガース）のフィル・ガーナー監督が、自軍が大量リードしている試合でも代走を送り込むことが何度かあり批判を浴びたことがあった。当時タイガースのスパーキー・アンダーソン監督は、

「試合のどの時点であっても、5点リードしていたら代走を送り込むべきではない」

と主張し、世間の風潮もそれに同調するところがあった。

しかし、ガーナー監督の言い分はこうだった。

「〝試合が終わる〟って何点差のときのことを言うんだい？　何点差だろうと試合が途中で終わることはない。もし敵がホームランを打つのをやめるんだったら、こっちも盗塁するのをやめるよ」

10年前からそんな意見を主張していた同監督は、先見の明があったのかもしれない。しかし一方で、メジャーの監督の中には、この12点差の大逆転劇があった後でも古い考えを捨てようとしない監督もいる。大量得点差の試合の終盤で盗塁を試みたリッキー・ヘンダーソンを激しく非難したブリュワーズのデービー・ロープス監督は、

「私の考えは前にも言った通り。**『点を入れるにはきちんとした入れ方』**というものがあるんだ。ルー・ピネラは、今度から12点リードしていてもバントで走者を進めるって言ったかい？　言わないじゃないか。私を批判する奴らは何も知らんのだよ。野球を実際やってみなければ、野球はわからないんだ」

と頑なに語っていた。

といっても、ロープス監督のような考え方はだんだん廃れていくかもしれない。あの奇跡の12点差逆転劇は、やはり多くの人の考え方に確実に影響を及ぼした。

そのうち、「試合の終盤で10点差以下なら盗塁をしてもいい」という具合に〝安全圏〟の概念も変わっていくのではないだろうか。

ただし、

「何点差だろうと盗塁をしていい選手は今もいる」

とオーランド・センチネル紙のジェリー・ブリュワー記者は言う。

「もしそれがイチロー選手だった場合、その一つ一つのプレーが人々を魅了してしまうほどのセンセーショナルな存在なのだから、いつでも好きなときに盗塁していいしバントしてもいい」

アンリトゥン・ルールとは、ごく一握りの選ばれた選手には、あってないようなもの。それもまた事実のようだ。

51
ICHIRO
51

MAJOR LEAGUE COLUMN

2

年齢ごまかしは当たり前!? ラテン選手達の実態

2001年8月、ニューヨークは、ある一つの野球チームを巡って大いに沸き、そして揺れ動いていた。

そのチームとは、前年までのような圧倒的強さはないものの同地区の他チームがあまりにも弱いためにすでに地区優勝はほぼ決まりという状態だったヤンキース……でもなければ、前年にリーグ優勝を果したものの主力選手が揃って不調に陥り地区4位に落ち込んでいたメッツでもない。

ブロンクス地区にある『ローランド・パウリーノ・オールスターズ』という名のリトルリーグ・チームだった。

ニューヨークの英雄『ベイビー・ボンバーズ』に発覚した年齢詐称疑惑

彼らのエース、左の横手投げダニー・アルマンテがリトルリーグ・ワールドシリーズの予選トーナメントで、強打のフロリダ州アポプカ・チームを相手に16奪三振の完全試合を達成したときから、その注目度はニューヨークだけに留まらず全米へ一気に火がついた。

アルマンテが快投を披露した翌日のニューヨークタイムス紙は、リトルリーグの記事を何と一面トップに持ってきていた。ニューヨークタイムス紙と言えば、ニューヨークのみならず、今や全米で読まれている全国紙である。同じブロンクス地区に本拠地を置くヤンキースが〝ブロンクス・ボンバーズ〟と呼ばれているため、彼らは〝ベイビー・ボンバーズ〟と呼ばれ、メディアが連日のように競って取り上げた。

ヤンキースやメッツのクラブハウスでも、ベイビー・ボンバーズの話題で持ちきりだった。

「彼らのプレーはエキサイティングだよ」

自分達のチームが負け続け苦しい状況に陥っていたメッツの主砲マイク・ピアザは半分、自嘲するかのようにそう言った。

アルマンテは完全試合の次には1安打完封をやってのけ、このエースの活躍によってベイビー・ボンバーズは全米優勝決定戦まで進出。相手はアルマンテが完全試合を達成したときの相手、フロリダ州アポプカ・チームだったが、このときはアルマンテが前日の準決勝で登板しており、リトルリーグの規定では連投が禁止されているため、他の投手が登板して敵に打ち崩され敗戦した。

しかし全米準優勝という結果を携えニューヨークに戻ったベイビー・ボンバーズは、英雄の帰還のような持て囃されようで、地元ブロンクスでは優勝パレードならぬ〝準優勝パレード〟が行われ、ルドルフ・ジュリアーニ市長からはチームの選手全員に市の鍵がプレゼントされたほどだ。

『市の鍵』というのは、ニューヨークの野球チームがワールドシリーズ制覇を果したり、NHLのホッケーチームがスタンレーカップで優勝したり、NBAのチームがファイナルを制覇したときに渡される『市のスポーツ名誉賞』のようなもので、実際に鍵の形をした記念品が贈られる。ベイビー・ボンバーズはもはや、ただのリトルリーグ・チームではな

年齢ごまかしは当たり前!? ラテン選手達の実態

くなっていたのだ。

しかしこの大会期間中に、とんでもない騒動が巻き起こった。アルマンテの年齢が、実は、

『大会参加資格のある12歳ではなく、14歳ではないか』

という疑惑が持ち上がり、熱狂はたちまち大騒動に発展した。

「12歳にして直球124キロを投げ、あれほど打者を圧倒するのはおかしい」

最初にそう言い出したのは、ベイビー・ボンバーズと対戦したチームの父兄達だったという。そして最初に年齢詐称疑惑を報じたのは『スポーツ・イラストレイテッド』誌だった。

その記事によると、アルマンテの父フェリペは87年4月7日にダニーの出生届を出し、89年にもう一度、出生届が出ているという。その記録を示す書類の写真も同誌に掲載され、疑惑は信憑性を増していた。

ベイビー・ボンバーズのコーチ、ローランド・パウリーノは、

「我々の確認した記録では、アルマンテは確かに12歳だ。マスコミが見つけたのは、同姓同名の他の子供の記録だ。もし彼が14歳だったら、彼の兄と6カ月しか年が離れていないことになる。そんなことはありえないだろう」

と主張したが、調査に乗り出したドミニカ共和国政府は後に、父フェリペ・アルマンテが出生届を二度提出したことを断定。よくよく調べてみると、アルマンテの米国入国ビザがすでに期限切れだったことも発覚し、パウリーノのチームが南米の子供達を米国に連れて来ては、不正な手を使ってリトルリーグの大会に参加していることもわかった。

この騒動が持ち上がっていたとき、ニューヨークはすでにパレードも市の鍵の贈呈式も済ませており、市民に大きなショックを与え

た。

もちろんメジャー球界にも、そのショックは広がった。

「アルマンテが本当に12歳であることを祈る」

と語ったのはピアザだった。

キューバから亡命した〝エル・デューケ〟ヘルナンデスの本当の年齢は？

しかし、最も衝撃を受けたのは、南米出身の選手達だったろう。メジャーでも南米出身選手の年齢疑惑というのはこれまでにも何度かあったが、アルマンテの一件が持ち上がってから、疑惑がさらに頻発して持ち上がるようになった。

年齢疑惑で有名なのは、97年にキューバから亡命しヤンキースに入団したオーランド・ヘルナンデス投手だ。

98年5月にヤンキースと660万ドル（約8億9千万円）の4年契約を結んだ〝エル・デューケ〟ヘルナンデスは69年10月11日生まれで、このとき28歳。前年の12月にボロボロのボートに乗ってキューバを脱出し、ボートが浸水して沈む恐怖と闘いながら命からがら米国に渡った亡命劇は、その後の語り草となった。

そんな勇気溢れる英雄のイメージを背負いながらメジャー球界にデビューしたエル・デューケは当時から、

「本当は28歳ではなくて33歳なのでは？」


という噂が球界に流れていた。

それでも、デビューした年はシーズン途中からの加入だったため21試合に登板しただけだったが12勝4敗、初のフルシーズンを過ごした99年は17勝9敗と活躍し、年齢疑惑は大きな問題にもならなかった。一昨年から成績が下り坂となり、肩の不調を訴えて登板を回

年齢ごまかしは当たり前!? ラテン選手達の実態

避したことがあったが、そのときにはあるコーチから、

「仮病ではないのか」

という疑惑をかけられ、コーチ陣と仲たがいするなどのもめごとも起こすようになった。すると年齢疑惑も改めて取りざたされるようになり、

「成績不振は故障ではなく、年齢的衰えではないのか」

と指摘する声も出た。そんなときでもジョー・トーレ監督は、

「しかし、あの子はプレーオフの大舞台では期待に応えてくれる」

と庇った。

「あの子？　33か34歳だよ」

とある記者が突っ込むと、

「それでも私から見ればまだ〝あの子〟だよ」

と61歳のトーレ監督は、年齢のことは意に介さない様子だった。

結局、エルデューケの年齢はいまだにうやむやのまま、今年はまだ **「32歳」** ということになっている。

95年にロッテに所属していたフリオ・フランコ（外野手）も、

「本当の年齢は実はもっと上だろう」

という噂が耐えない選手だ。メジャーでデビューを果したのが82年で、それから数えると20年の月日が経っているが、現在の公称では40歳。

「本当は43から45歳くらいではないか」

と言う球界関係者もいれば、

「50歳はいっているんじゃないか」

と言う関係者までいる。

99年のシーズンにメジャーで7つ目の球団デビルレイズに所属し、1試合に出場しただけで解雇されて、メジャーの球団から契約のオファーをもらえなかったフランコは、しば

らくメキシコのリーグで現役を続けていた。しかし昨年のシーズン途中でブレーブスと契約を結んでメジャー復帰を果し、25試合に出場して打率3割、3本塁打、11打点と活躍。公称40歳にして大復活を遂げ、

「これだけ働けるのだから何歳でもいいじゃないか」

と、フランコの場合も年齢疑惑はうやむやになった。

『メジャー最年少の19歳プレーヤー』の新人王ラファエル・ファーカルは実は2歳ごまかしていた！

しかし、そんな風潮も最近では見直される傾向が出てきている。

2001年9月11日に起こった米国同時多発テロ事件以降、米国政府が入国してくる外国人に対して細かい身元確認を行うようにな

年齢ごまかしは当たり前!?
ラテン選手達の実態

り、たとえ顔の知られたメジャーの選手といえども書類を調べられるため、年齢のごまかしが発覚するケースが増えているのだ。

例えばエンゼルスのラモン・オーティス投手がキャンプイン直前の2月上旬、

「3歳年をごまかしており実際は29歳であること」

が発覚した。オーティスの母国ドミニカ共和国の米国領事館がパスポートを調べたところ、公称年齢と違うことがわかったのだという。このことで球団がオーティスに何らかのペナルティーを与えたということはないようだが、エンゼルスのビル・ストーンマンGMは、

「チームメイトから、相当からかわれることは確かだろうね。しかし我々の世界は実力が全てだから、周囲を納得させるには彼がこれから野球で結果を出していくしかない。今回のようなことがあると、選手は〝これまでのように年齢のごまかしはもう通用しない〟ということを気づいてきただろう」

と語った。

ドミニカ共和国出身のブレーブスのラファエル・ファーカル遊撃手も今年の2月になって、実際の年齢が**「21歳ではなく23歳であること」**がわかり、球団は素早く対応して公式記録の年齢もすぐに**「23歳」**に訂正している。

しかしファーカルの場合、新人王を獲得した2000年に

『メジャー最年少の19歳プレーヤー』

ということが話題になったほどの選手で、年齢をごまかしていたとなれば、大きな問題ではないかという気もする。

しかもファーカルは、その新人の年に飲酒運転で警察につかまったことがあるのだ。

ある明け方5時頃に、オイルを漏らしながら車を運転していた彼が車の異常に気づき、コンビニの駐車場に車を停めて点検していた

ところ、コンビニの店員が不審に思い警察を呼んだ。そこで職務質問となったのだが、飲酒していることが警官にすぐに悟られ、ファーカルが**「19歳」**だったために未成年飲酒と飲酒運転の二つの罪を科せられた。

ブレーブスの地元ジョージア州の法律によると『未成年者の飲酒運転は6カ月間の免許停止』となり、400ドルの罰金を科せられる。

このとき実際の年齢は**「21歳」**で未成年者ではなかったのだが、ファーカルはこの罰を受け、球団上層部に謝罪した。

そこまでして**「最年少19歳」**という年齢にこだわったが、昨年の夏頃から年齢詐称の疑惑が持ち上がり始めた。オーティスのケースと同様、ドミニカ共和国の米国領事館の調査で、実際は**「2つ年齢をごまかしている」**というリポートを有線テレビ放送局のHBOも放送していた。それでもこのときファーカル

年齢ごまかしは当たり前!? ラテン選手達の実態

は、

「放送された年齢の記録書類は間違いだ」

と主張し続けていたのだが……。

しかし2001年9月11日のテロ事件があって、これ以上ごまかし続けてはまずいと悟ったのだろう。今年からは**「23歳」**という実年齢でやっていくことに、球団と話し合って決定したようだ。球団が素早く対応して年齢を書き換えたのも、大きな問題に発展させたくないための穏便処置だったのかもしれない。

南米出身選手『受難の時代』

94年から99年まで広島カープに所属し、2000年からメッツでプレーしているティモ・ペレス（外野手）も実は2歳、年をごまかしており現在は**「26歳」**であることがこのキャンプ中に発覚した。広島に入団したときは**「16歳」**ということになっていたが、実際には当時、**「18歳」**だったということになる。

ペレスの場合はキャンプインしたときに自ら真実を告白し、

「チームメイトと球団に嘘をついていたことを後悔しています。ごめんなさい」

とみんなの前で謝罪した。

「年齢をいつわっていたのは僕自身の誤り。ドミニカ共和国出身の選手の多くがそうしていたし、当時は僕も必死で〝プロになって何とか家族を助けたい〟という気持ちがあった。若ければ、球団からより高い評価がもらえると思ったんだ」

そう言って反省するペレスにスティーブ・フィリップス球団GMは、

「年齢のことはもう気にするな」

と言葉をかけ、一件落着している。

メッツではもう一人、キューバ出身のレイ・オルドネス遊撃手が「公称の年齢より1

年10カ月、早く生まれていること」もわかっている。実際の生年月日は**『71年1月11日』**なのだが、メッツの公式ガイドブックには**『72年11月11日』**と書かれていたのだ。しかしオルドネスの場合は本人が謝罪する代わりにジェイ・ホーイッツ広報部長が、

「自分のミスだ」

と謝った。

オルドネスはメッツに入団した際には年齢をごまかしていたらしいが、数年前にすでに実年齢を公表していた。しかし、ガイドブックの年齢は直さずにそのままになっていたという。

いずれにしろ、こうして「年齢ごまかし」が当たり前だった南米出身選手の常識は、ここにきて通用しなくなってきている。彼らにとっては受難（?）の時代に入ってきた訳だ。

これだけ南米出身選手の間で年齢詐称が発覚してくると、「あの選手もこの選手もみなごまかしているのではないか」という勘ぐりも増えているようだ。キャンプインのときにはアスレチックスの25歳のミギュエル・テハダが数日遅れてきたため、

「お前も年齢チェックに引っかかって米国になかなか入国できなかったんだろう」

と仲間に冷やかされたとか。実際は個人的な事情で遅れ、年齢詐称ではなかったようだが、

「僕、本当は35歳なんだ」

とジョークを飛ばしていた。

とはいうものの、年齢のごまかしは、見た目でわかる場合も多く、メッツのペレスに関しても元チームメイトの新庄は、

「そんなの知ってたよ。どう見てもわかるでしょう」

と全く驚く様子はなかった。

本人はごまかし通しているつもりでも、本当はばれているというケースも多いのかもし

れない。

UNWRITTEN RULE OF MAJOR LEAGUE BASEBALL

メジャーの掟

UNWRITTEN RULE OF MLB

8

メジャーでも、新人は新人らしくしなければイジメられる

かつてランディー・ジョンソンが春季キャンプのBゲームに登板したとき、対戦したマイナーリーグの選手に頭をかすめるような内角高めの速球を投げてビビらせたことがある。ジョンソンの速球といえば156キロはある剛速球で、もし直撃すれば大ごとになりかねない。それなのになぜそんなことをしたのかと聞くと、

「**あの野郎があまりにもバットを強く振り過ぎていたからだ**」

と言う。自分のような大投手に向って、まだマイナーにいるような若造が真っ向から勝負しようとは生意気だという訳だ。

KOREDEMO KURAI MASUKA?
GOMENNA SAI
JHON
25

メジャーでは「上下関係」も大事

米国は日本と違って「面倒な上下関係など全く存在しない」というイメージがあるが、実はそうでもないのである。

そのいい例が昨年、メッツで起こっている。

ティモ・ペレス外野手が「生意気だ」という理由で先輩からイジメられたのだ。ペレスは18歳のときに広島カープに入団し日本で4年間プレーした選手で、2000年にメッツに移籍した。2000年9月にメジャーに初昇格を果し、シーズン終盤の24試合に出場して打率2割8分6厘と結果を出し、プレーオフにもベンチ入り。その第1ラウンドであるディビジョン・シリーズの第1戦で、試合中にケガをしたレギュラー右翼手デレク・ベルに代わって出場チャンスを得、勝利の鍵を握るプレーを次々と披露してワールドシリーズ進出の立役者となった。

しかしそんな鮮烈デビューから一転、2001年はシーズン序盤に足を痛めるなどして思うようなプレーができず、打率も2割5分を切るほどのスランプに陥った。

ペレスに対する先輩達の不平不満が出てきたのは、そんな状況の中でのことだった。

「あいつは何で、練習の時間になってもぎりぎりまで出てこないんだ」

チームの誰かがペレスのことをそんな風に言っていたと、あるときニューヨークの地元紙が書いた。

「クラブハウスの中を下着姿で歩き回るとは、あいつは何様のつもりだ。あれじゃまるでリッキー・ヘンダーソンじゃないか」

ペレスに対してそんな陰口を言う選手もいたという記事も出た。

ちなみに、メジャー歴代盗塁王のヘンダーソンは99年から2000年のシーズン途中までメッツに所属していたが、仲間内では、

「チームの調和を乱す問題児」

と言われ、チームメイトからもファンからもよく批判されていた。

最悪だったのが、ある試合の最中に出番がないからとクラブハウスに引っ込み、同僚ボビー・ボニーヤとカードゲームをするという大胆不敵な行動をしたことで、それから間もなくトレードに出されている。メッツ球団史上でも恐らく「5本の指に入る嫌われ者だった」と言って差し支えないだろう。

ペレスはそんなヘンダーソンにも喩えられてしまうほど、チーム内で嫌われ、

完全に浮いた存在になってしまっていた。ボビー・バレンタイン監督はあるときそれを察知し、事態の収拾に動き始めた。まず選手達がどんなことを言っているのか聞き取り調査を行い、

「何人かの選手が、**『ティモがクラブハウス内をウロウロしているのを見ると嫌な気分になる』**と言っている」

ということがわかった。そこでペレスとチームキャプテンのジョン・フランコ（投手）を一緒に監督室に呼び、問題解決のための話し合いを行った。

フランコというのは12年間メッツに所属している41歳のチーム最年長選手で、名前はラテン系だが南米出身選手ではなくイタリア系アメリカ人で生まれも育ちもニューヨークという生粋のニューヨーカーの救援投手。投手と外野手で接点がない上にスペイン語が母国語のペレスとは普段、言葉を交わすことはまずないが、統率力があり大人の考えを持っているため、リーダーとして監督と一緒に問題解決の手助けをするよう頼まれたのだろう。

この三人の話し合いの内容は報道陣には明かされず、陰口を言っているのが誰かも伏せられていた。

一方、選手達のクラブハウスも、この問題で数日間、揺れ動いた。アーマン

A~~ IIKIMOCHI DANA~~
PANTSU DE UROURO SHIYAGATTE
MEIWAKU NANDAYO.

ド・ベニテス（投手）が、

「陰でコソコソ何かを言うなんてフェアじゃないぜ」

とペレスをかばって怒りをぶちまけたことで、騒動がさらに大きくなっていた。ベニテスというのはペレスと同じドミニカ共和国出身で29歳の中堅抑え投手。メッツには2年前に移籍してきており、

「俺がいい投球をしたときは（報道陣が）誰も話を聞きに来ないで、打たれて負けたときだけ来るのは許せない」

などという子供じみたことを口にしたこともあって、チーム内ではあまり好感度の高い選手ではないが、ペレスにとってはいい先輩だった。

あるときそのベニテスの周りにニューヨークの記者達が、ペレスに関してさらに意見を聞こうと集まっていたことがあった。質問を投げかける記者がベニテスの言葉を待っていた。

そのとき室内の反対側から、

「嫌なものを嫌って言って何が悪いんだよ」

という、誰に向けるでもなく発せられた言葉が聞こえた。室内にいた全員が一斉にそちら側を振り返ると、声の主はターク・ウェンデル（投手）だった。

IYANA MONOWA IYANANO!

ペレスに陰口を言っている選手達が誰なのか、それまで完全に伏せられていたが、その一言で少なくとも一人の正体が発覚した。その場の空気が一瞬、ぴたりと止まったような雰囲気になった。ウェンデルというのは34歳の救援投手で、趣味が狩り。これまで射止めた動物の骨や角を首飾りにしていつも巻いている球界きってのワイルド系選手である。

選手達の舞台裏でそんな出来事が起こったのと時を同じくして、ペレスはやはり気落ちしていたのか、試合で間の悪いミスを連発していた。メッツにとっては大事な試合であるヤンキース戦で8回に2対1とリードされていたとき、ノーアウトで代打ダリル・ハミルトン（外野手）が二塁打で出塁、次のペレスがバントを試みたがそれがピッチャーフライとなって、飛び出したハミルトンともどもゲッツーになるという最悪のプレーもしていた。このときのチームメイト達のペレスを見る目は、やはりどこかシラッとした雰囲気が感じられたものだった。

バレンタイン監督がペレスとフランコを監督室に呼んだのは、その試合から二日後のことである。

ニューヨークの記者達の間では、

「チームの調和の乱れが試合にも影響している」

と指摘する声が上がっていた。それをバレンタイン監督にストレートにぶつける者もいた。

「選手達の試合前の準備の仕方が昨年と変わったと思うところはある？」

「備え方？　そんなものは同じだよ」

「クラブハウスの雰囲気とか選手達の取り組み方は？」

「取り組み方は、試合中にダグアウトの中でしっかりやってくれればいいことだよ」

「みんな一生懸命、集中してやっていると？」

「この前、遠征先でオフの日があったけど、14人もの選手が自主的に練習に来ていたよ」

「昨年、ワールドシリーズ進出という目標を達成したから、今年はみんな自分達の成績のことに興味がいってしまっているということはないかな？　それで逆にチームが不調に陥っているとか？」

「私は、一般的に言われているような、個人主義に走ることが悪影響を及ぼして不振に陥るという考え方は嫌いだね。でも確かに昨年は、みんなよくやってくれた。自分を犠牲にしてでもチームのために働く選手ばかりだった」

「選手達の顔ぶれは昨年とほとんど変わっていないけど、何が変わってしまったんだろう？」

「うーん、どうだろうね、それは……。きっと、みんな〝押さえどころ〟を失ってしまったのかもしれない」

ペレスを巡る一連の出来事に思いをはせながら、監督と記者達がそんな会話を交わしていたこともあった。

あいつは生意気だ！

ペレスがなぜ先輩達から非難を浴びたのかははっきりしないが、一つには言葉の問題があった。

ペレスは広島に4年間いただけあって日本語はかなり流暢だが、英語はまだほとんど話せない。日本語は「てにをは」などはやはり使えないものの、短い単語をつなぎながらスムーズに会話ができ、相手の言うこともほぼ問題なく理解するくらいのレベルだ。米国人記者からインタビューを受けるときは、昨年は新庄の通訳を担当していたメッツ球団職員の岩本賢一氏が日本語に訳してペレスに伝え、ペレスが日本語で答えて岩本氏が英語に言い換えていたくらいだった。

そのためチーム内では新庄と日本語で会話し、同じ南米出身選手とは母国語で会話するが、英語がわからないからと米国人選手とはほとんどコミュニケーションをとらなかった。

何も物を言わない新人が目の前にいて、態度だけを見ると気ままに振る舞っているように見える。練習に少し遅れて出てくるのは何か事情があったとしても、物を言わないので何もわからない。そんなことの積み重ねで誤解が生じたこともあっただろう。

もっとも、言葉の通じないペレスに限らず、新人が先輩に睨まれることはメジャーでもよくあることだ。

メッツで言えば99年の新人アグバヤーニ（外野手）も、２０００年の新人ペイトン（外野手）も1年目は先輩達から、

「あいつは生意気だ」

と陰口を叩かれた。

やはり『**新人は新人らしく、ひたむきで控え目でなければ、先輩達の反感を買ってしまう**』ものなのだ。

ちなみにペレスと同じ新人だった新庄は、先輩から睨まれることはなく、むしろ可愛がられていた。ペレスを嫌っていたあのウェンデルも、新庄とは夫人と子供を交えた家族ぐるみの付き合いもあったようで、新庄が太ももの肉離れで痛々しい姿をして報道陣に囲まれていたときには、

「おい、新庄。大丈夫か？　何かあったのか？」

と心配しながら寄っていったり、新庄が大活躍した試合の後に、

「今日は寿司を食べにいくぞ。新庄、お前がおごれよ」

と声をかけていたこともあった。

そのウェンデルは、ペレス騒動から数週間後にフィリーズにトレードに出されている。

メジャーでは、**「チーム内に波風を立てる選手が放出される」**ということがよく起こる。ウェンデルの場合は偶然だったのかもしれないが、結果としてその例に漏れなかった。メジャーでは上下関係も大事なら、チームの和も大事なのである。

UNWRITTEN RULE OF MLB 9

トレードマークの「赤を着て」ダメ出しをくらった新庄

アメリカというのは**「非常に個性を大事にするところ」**というイメージがある。たとえ他のみんなと違っていても、それがその人にとっての個性であり良さであるなら、むやみに否定するようなことはせず、好きなようにやらせる。それがアメリカの良さだと考えられている。

しかしメジャーには、たとえそれが個性だとしても、どうしても認めてくれない場合が意外に多い。

「赤」はチームカラーではないから身につけてはいけない！

新庄がメッツに入団し、初めてメジャーの春季キャンプに参加したときは、**「新庄のトレードマークの『赤』を身に付けてはいけない」**と言われ、大ショックを受けることになった。

阪神時代、新庄と言えば**「赤」**。

赤いロングのリストバンドを両腕にはめ、赤い手袋、練習のときには赤いバット、よく見ないと気づかないかもしれないがスパイクにもさりげなく赤色でアクセントが施され、そのさりげなさがまた新庄のこだわりだった。

赤
NANDE DAME NANO?
SHIN
5

メッツに入団してからも、当然そのスタイルを貫くつもりだったことは言うまでもない。そしてキャンプの初日、赤いリストバンドを両腕にはめてフィールドに出る。何せ市販されている普通のものとは違う特注品で、手首からヒジまで前腕がすっぽり覆われるくらいの長さであるため、やたらに目立つ。メッツでは意外に日本人的な控え目さも出していた新庄だったが、赤い腕だけは遠慮なく自己主張しているように見えた。

しかし……、

「**赤はチームカラーではないから身につけてはダメ**」

まさに青天の霹靂。

新庄にとっては、身を切られるも同然の球団からの衝撃的な通告だった。リストバンドはおろか、ユニフォームの内側に着るアンダーシャツを赤にしてもダメ、スパイクに赤のアクセントがついていてもダメだった。メジャー球団で赤をチームカラーとして使っているのはレッドソックス、フィリーズ、エキスポズ、レッズ、カージナルス、ブレーブス、レンジャース、インディアンス、エンゼルスなどかなりの数になるが、よりによってメッツは使っていなかった。

メッツの色はオレンジと明るいブルー。この二色がニューヨークの色なのかどうかはわからないが、NBA『ニューヨーク・ニックス』も同じチームカラーを採用しているので、街のカラーとして何か由緒があるのかもしれない。

練習後、ショックを受けている新庄の周りにニューヨークのメッツ番記者が集まり、矢継ぎ早に質問を浴びせていた。キャンプレポートの面白ネタとしてはうってつけだと考えたのだろう。

「日本では〝赤は俺のトレードカラー〟だった。その赤が身につけられなくなると俺のファンはがっかりすると思う」

記者達は質問をしながらそんな新庄の言葉を取材ノートに書き綴った。翌日の新聞では結構大きな記事になっていた。

「アンダーシャツは白、青、オレンジ、黒のいずれかに決まっている」

球団からそう言われた新庄は、赤系統に一番近いオレンジを選んだ。そうと決まると全てに徹底する性格らしく、すぐさまオレンジ色のロングリストバンド、オレンジ色の練習用バット、オレンジ色をアクセントに取り入れたスパイクを特注した。アンダーシャツももちろんオレンジ色と決め、試行錯誤の末にオレンジ色のタートルネックを〝新庄シャツ〟に決めた。それが一番、スタイリッシュだからだった。

しかし……。

「オレンジ色のアンダーシャツでタートルネックのものはダメ」

またダメ出しをくらってしまった。理由はわからないが、オレンジ色に限ってはタートルネックではなく普通の丸首のものでなければいけないと言う。

再び悩んだ新庄は、考えた末にアンダーシャツに限ってはオレンジ色にすることを諦めた。代わって選んだのは、黒のタートルネック。「タートルネックの形が一番、スタイリッシュだ」という結論に達したらしかった。

こうして紆余曲折を経ながら、ようやく新庄のスタイルは決まった。特注品のうち一番最後に出来上がってきたのはスパイクで、これも試作品を作っては修正を加えるといった具合に試行錯誤を繰り返し、最終的に完成したのが夏ごろ。スパイクの表面の模様にさりげなくオレンジ色のステッチを入れている他、底をオレンジ色にし、ベースに滑り込むときなど足の裏が見えるとその色が非常に目立つように作られていた。

黒のタートルネックは、気温35度以上の真夏の蒸し暑い日にも欠かさず身につけた。さすがの新庄も首の周りが汗ばむのか、タートルネックを口元のあたりまで伸ばして風を入れていたことがあったが、それが逆に暖を取っているように

見え、ニューヨークのテレビ中継では解説者から、

「フィールドは寒いんですかね？」

と不思議がられていたこともあった。

しかし何はともあれ自分のカラーである「赤」を諦め、新たなスタイルを作るように頭を切り替えた新庄は、メジャーの流儀に溶け込んで事なきを得た。恐らく新庄の周辺には、

「『赤色が身に付けられないなら日本に帰る』と言って、メジャー挑戦をやめてしまうのではないか」

と心配する人もいたはずで、このオレンジ色への転換は多くの人を安心させたのだ。

「選手のスタイル」に一番厳しいヤンキース

選手のスタイルに関してはチームカラー以外にも、いくつかの流儀がある。例えば遠征で移動するときには自由なスタイルを許す球団もあるが、多くは、

「スーツやジャケットを着用しなければならない」

という決まりになっている。

スタイルに関して一番厳しいのは、メジャー30球団中でも最も歴史と伝統を誇るヤンキースだ。彼らは移動の際にスーツを着なければならないのはもちろん、

ヒゲも生やしてはいけない。鼻の下に多少のヒゲを生やす程度なら認められるが、あごヒゲや無精ひげのようなものは禁じられている。

このため他球団から移籍してくる選手でヒゲを生やしている者は、ヤンキースへの入団が決まった途端に、それまでトレードマークのように生やし続けていたヒゲを剃ってさっぱりとした顔に変身する。

伊良部秀輝投手がヤンキースに所属していた時代にチームメイトだったデビッド・ウェルズ投手などがそのいい例だった。

彼は子供時代から大のヤンキースファンで特にベーブ・ルースに心酔しており、ヤンキースに移籍できるかもしれないということになったとき、口の周りに生やしていた黒々としてたっぷりとしたヒゲをきれいに剃った。ヤンキースといえばワンマン・オーナーのジョージ・スタインブレナー氏の存在が有名だが、ウェルズが契約を結ぶ前にはオーナーとの面接まであり、そのときにはすでにさっぱりとした顔で現れたという。

ウェルズはこのヒゲ以外にも色々な面で個性を発揮している選手で、二の腕には亡くなった母親と一人息子の似顔絵を刺青にして彫っている。

ある試合の登板では、**「ルースがヤンキース時代に実際に被っていた」**という帽子を被って登板したこともある。その帽子はオークションで大金をはたいて買ったそうで、それくらい熱狂的なファンだったらしい。しかし帽子はさすがに年代ものらしく、見た目にもヨレヨレで球団にすぐにばれてしまい、このときは大目玉を食らっている。

またウェルズは、いつもユニフォームの胸のボタンを三つくらい外しダラリとした着こなしをしていたが、こちらは何度注意されてもやめなかった。

「練習のときはTシャツと短パン姿でやってもいい」と主張するバレンタイン監督

メジャーには、

「練習のときにもきちんとした格好をするべきだ」

という暗黙の決まりもある。

その決まりに、最初に一石を投じたのがメッツのボビー・バレンタイン監督だ。まだレンジャースの監督をしていた1986年のことである。

テキサスは全米の中でも夏の暑さの厳しさでは有数の街だが、真夏のあるとき、

「練習のときはTシャツと短パン姿でやってもいい」

と選手達に許可を与えたのだ。

選手達も監督の言葉に従い、最初はそれを実行していたという。しかし結局、長くは続かなかった。

「私はそれがいいと思って気に入っていた。しかし2カ月で終ってしまったんだ。私は許可し続けていたのに選手達が自主的にやめてしまった。**『他のチームから冷やかされるから嫌だ』**というのが理由だったよ」

バレンタイン監督がそう回顧したのは２００１年の８月初頭だった。米国大陸の広い範囲に渡って猛暑が襲い、ニューヨークも連日35度以上の熱帯夜が続いていた時期で、

「練習は短パン、Tシャツ姿でいいじゃないか」

という議論を監督自らが二十五年ぶりに再燃させていた。

ちょうど、その約一週間前にはＮＦＬ『ミネソタ・バイキングス』のコリー・ストリンガー選手が猛暑の中で練習をした後に急死するという出来事も起こっていた。メッツのクラブハウスはその話題で持ち切りとなり、

「水分をしっかり補給して自分の体の状態を把握しておかないと、とんでもないことになる。自分の体を守るのも自分の仕事。ストリンガーのようなことになったら恐ろしいよ」

とマイク・ピアザが言えば、かつてテキサスでプレーし暑さに慣れているはずのトッド・ジールも、

「プロの選手が暑さにやられて死んでしまうなんて信じられない。暑さがいかに危険かを改めて認識させられたよ」

と真剣な表情で語っていた。

そんな中、

「こんなに暑いんだから短パンとTシャツでいいじゃないか。なぜ悪いんだ。その方が理に叶っているよ」

というバレンタイン監督の主張に異議を唱える者は誰もいなかった。実際、ニューヨークよりも一段と気温も湿度も高いフロリダ州マイアミにあるマーリンズでは、そうしようという動きが出てきていた。

KIMOCHI IINE

ところが結局、バレンタイン案は今回も実行されないまま夏は終ってしまった。お昼過ぎ頃から一部の選手で行われる早出特打ちのときには、監督も選手も短パン、Tシャツ姿で練習していたが、夕方から始まる公式のチーム練習でその格好をする者は誰もいなかった。チーム練習の時間帯には早めに球場に来たファンが入場してくるため、**「ファンにあまりラフな格好を見せてはいけない」**という配慮があるのだろうか。

いずれにせよ、『球界のしきたり』はなかなか破れるものではないようだ。

メジャーリーガー
NANONI,
ラフDANE~~。

UNWRITTEN RULE OF MLB

10

ホームインするときにベースを手でタッチし、不審がられた新庄

メディアの数が全米一多く、それだけ競争の激しいニューヨークでは、新聞記者もさすがに目ざといと言おうか。それとも新庄の行為が、彼らにはよほど**「不思議な事」**と映ったのかもしれない。

メジャーでデビューを果した新庄が開幕間もない試合で、ホームインするときに足でベースを踏むのではなく、手でタッチしたことがあった。試合後、クラブハウスの新庄の周りにはメッツ番記者達が集まり質問をぶけていた。

「何で手でベースをタッチしたの？」

日本ではたまにやることで、ベースの上に土がかかっていたので次に打席に入る人のために土をはらったのだと新庄は説明した。

アメリカの野球にはそのような習慣は全くないらしく、記者達は意外な答えに目から鱗を落とし、異文化の国にはアメリカとはずいぶん違った精神が根付いているものなのだなと感心しているようだった。しかし、

「アメリカではそれをやると、打たれた相手の投手をばかにしているように受け取られるかもしれない」

と忠告も忘れなかった。

BAKANI SHITERU WAKEJA NAIYO

メジャーでは「ケガの治療の仕方」も日本と違う

メジャーでプレーする日本人選手にとって、日米の文化の違いは依然として一つのハードルになっている。馴染めずに苦労するということはそれほどないが、覚えておいた方がやり易いことは間違いない。

新庄などは、見た目の派手さとは対照的に日本的な礼儀作法には意外にこだわるタイプ。メジャーで初めて伊良部投手や吉井理人投手と対戦したときには、打席に入ってまず、日本流に帽子のツバに手を当てちょこんとお辞儀をしたこともあった（もっとも、伊良部も吉井もそれを全く見ていなかったらしいが）。

先輩にもつい気を遣ってしまうらしく、昨年は太ももの肉離れに悩まされトレーナー室に治療を受けに通ったが、実は十分な治療ができなかった。

「先輩に気を遣っちゃって。トレーナールームに行って他の選手がいると、『どうぞ、先にやって』って譲っちゃってたから」

そんなことがあったと告白したのは、今年のハワイの自主トレ中だった。メッツを離れてジャイアンツに移籍した今なら言える裏話だった。

故障者リスト入りしていた間には、阪神時代から付き合いのあったあるトレーナー氏を呼び寄せたこともあった。遠征先の街中で偶然、新庄の取材をしていた日本人記者の何人かがそのトレーナー氏を見かけ、そのことを球場で新庄に聞いたところ、新庄はかしこまったように記者全員を呼び集めてこう言った。

「トレーナーを呼んでいることは記事にしないで欲しい。球団には言っていないんで。もし知られたら、メッツの球団トレーナーに悪いから。『俺がいるのに何だ』と思ってしまうかもしれないから」

実は新庄はボビー・バレンタイン監督にだけは、トレーナーを呼んだことは伝えていた。**『日本人選手や日本の野球を理解している監督ならわかってくれる』**と思ったのだろう。球団の中で完全に秘密にしておくことにも気が引けたのかもしれない。

実際、バレンタイン監督は新庄のその行動を理解した。それから一週間ほど経った頃、アメリカ人記者の一人が何気なく、

「新庄がアメリカに来て、一番苦労しているのは何だと思う?」

と監督に尋ねたことがあり、

「日本とアメリカではケガの治療の仕方が違うから、それが一番、苦労するところだと思う」

と答えていた。

新庄が感動したメジャー流「選手だけのミーティング」

もちろん、日本のプロ野球とメジャーの差は日本人選手にとってハードルとなるだけでなく、日本にはないメジャーの良さに気づくというメリットだってある。

2001年の前半戦、メッツは成績不振に陥り、チーム内に焦りと重苦しいムードが漂っていた時期があった。5月中旬のある日、そんな状況から脱しようと選手達が立ち上がった。試合前に「自分達で何とかしよう」と、選手だけのミーティングを開いたのだ。音頭を取ったのはチームキャプテンのジョン・フランコ投手だった。

日本ではミーティングと言えば、「監督が選手を集めて開くもの」というイメージしかないが、メジャーではそうとは限らない。ミーティングに出席した新庄もそれには感動し、

「日本にはない。タイガースのときには選手だけが集まって『今日は勝つぞ』という話し合いをした記憶はあまりない。自分達で何とかしようというのが伝わってきた」

と語った。試合はメッツが勝ち、新庄も、

「今日は試合がずっと1対0で進んでいたのですごく面白かった。（守備についているとき）**球が全部、俺に飛んで来いって気持ちでやってた」**

と気分も乗りに乗っていた様子。米国流の『選手だけのミーティング』は抜群の効果を発揮していた。

新庄お気に入り「ホームラン後のハイタッチ」

メジャー流でもう一つ、新庄が気に入っているのが、

『ホームランを打った後の仲間とのハイタッチ』

である。

昨年、メッツはロードで開幕を迎え、本拠地開幕戦は4月9日のことだった。これが新庄にとっては同時に、シェイスタジアムでの本拠地デビューでもあり、華やかな舞台が似合うプリンスにとっては格好の活躍の場。もちろんその見込み通り、このとき新庄はメジャー第1号のホームランを放っている。

本拠地に初お目見えする前に遠征試合で光るプレーを見せていた新庄は、すでに地元ファンの人気を集めており、塁を回る間はスタンドがスタンディングオベ

ーションで歓声を送り、球場は最高に盛り上がっていた。しかしホームを踏むとベンチの様子がどうもおかしい。

誰も出てこないのだ。

「何でみんな来てくれないのかな。俺、何か悪いことしたかなと思った。そしたらみんながベンチの中で並んでお辞儀して……」

メジャーでは、ホームランを打って帰ってきた選手には、他の選手達がベンチから立ち上がりダグアウトの階段のところまで登って、次々にハイタッチを求めていくのが習慣になっている。

しかしチームメイトはダグアウトの中に留まり〝日本式〟の出迎え。

「我々のチームは文化に関して知識が深いのさ」

と言ったのはバレンタイン監督だった。

実は、チームメイトはこれを前々から計画していたらしく、ロビン・ベンチュラ三塁手は、

「新庄がいつか初めてのホームランを打ったら、『**そのときはちょっと工夫を凝らしたお祝いをしてあげよう**』とトッド・ジールと話していたんだ。僕は以前に日米野球で日本に行ったことがあったし、２０００年には日本開幕戦で行ってい

るから、日本のやり方は多少見て知っていたんだ。巨人とのオープン戦で松井選手がホームランを打ったとき、みんなが出て来ないでダグアウトの中でハイタッチをしていたから、それを真似してみたんだよ。新庄が懐かしく思うんじゃないかと思ってさ」

と語っていた。メッツの選手達による温かい心遣いだったという訳だ。

もっとも新庄自身は、

「アメリカ式の方がいい」

とか。日本的礼儀にこだわる一方で、メジャー流の良さにも順応していくのが新庄流なのだ。

オメデトウゴザイマス
ありゃりゃ。
SHINJO
5

「シュートって何?」アメリカにシュートを輸入した吉井

新庄の場合は、チームメイトの中に日本に馴染みを持っている選手が多かったため、互いに理解し合うまでにそう時間もかからなかっただろう。しかもバレンタイン監督は、95年にロッテの監督を務めた経験から、「メジャー球界一の日本通」として自他ともに認める存在。日本語の単語は500個も知っているそうで、そんなメジャーの監督は他にいない。そのため、これまで日本人選手の米国向け広報官のような役割も果たしている。

メッツにはこれまで柏田貴史に始まって、吉井、野茂、マック鈴木(ただし移籍してメッツのユニフォームに袖を通した途端に数日でロイヤルズへ移籍して行った)、今年は小宮山と、日本人投手が何人も所属してきた。しかし最初は日本人投手に対する周囲の理解もあまり深くはなかった。

例えば吉井が入団した98年、メッツはまだ日本開幕戦も経験しておらず、メッツファンやアメリカ人記者も含めて、日本人や日本野球に関する知識を持っている人はほとんどいなかったと言っていい。

吉井のデビュー戦は4月5日のパイレーツ戦だったが、この試合の後に日本と

メジャーの野球の違いを聞かれた吉井は、

「日本の野球が『中古のフォルクスワーゲン』ならメジャーの野球は『新車のメルセデスベンツ』」

と答えている。日本の感覚からいえば〝洒落た答え〟と受け取られるが、アメリカ人記者の中にはそのニュアンスを正確に把握できない人もいたようで、ピッツバーグのある記者は、

「フォードのディーラーが聞いても喜ばないコメント。それとも通訳が何か言葉を訳し忘れたのだろうか」

と書いた。アメリカでは新車のメルセデスベンツが日本ほど高いステイタスとして受け取られていないのか、何でも自分の国のものが一番というアメリカ人の感覚では、アメ車を例に出して欲しかったのか。とにかく、そうした細かいところで、やはり感覚が違うのだ。

バレンタイン監督は、そんな日米の微妙な感覚の違いもうまく説明することがよくある。

吉井が試合の中盤まで好投しながら6回あたりで大きく崩れたことがあったが、そのときもそうだった。試合後にアメリカ人記者から、

「吉井は途中で疲れが出たのでは？」

と尋ねられた監督は、

「マウンドに確認しに行ったら、『大丈夫だ』と言っていた」

と答えた。

「じゃあ、何で突然崩れたんだろう？」

とさらに聞かれて、

「日本人は途中で疲れたなどと言ってはいけないという感覚を持っている。疲れていても最後まで投げるのがプロだと。だから無理して『大丈夫だ』と言ったのかもしれない」

と説明していた。

DAIJOUBU.
でもちょっとつかれた。

吉井はメジャーに挑戦した日本人投手としては初めて『シュート』を使った。言わば「アメリカにシュートを輸入した最初の投手」だったが、最初にアメリカ人記者にシュートを細かく解説したのもバレンタイン監督だった。

「シュートって何？」

アメリカにはないその球種の名前を聞いた記者達がすかさず監督に質問すると、

「スライダーと逆で、右打者の手元から内へ切れ込んで行く変化球だ」

監督は得意げに身振り手振りでそう解説した。何せアメリカには『シュート』という名前の球がないため、当時のメッツ投手コーチ・ボブ・アポダカが初めて吉井のシュートを見たときにはエキサイトし、

「これはすごい変化球だ」

と身を振るわせた。調子がいいときはライジングする場合もあるため、これは絶対に打てないに違いないと踏んだのだ。

米野球マスコミの重鎮でＥＳＰＮ野球解説者でもあるピーター・ギャモンズ氏も吉井のシュートに関するコラムを書いたくらいだから、吉井のシュートのインパクトはなかなかのものだった。

KOREGA『吉井のシュート』NE.

今ではメジャーでも『シュート』という球種の名前は多少ポピュラーになり時々耳にする。昨年のワールドシリーズで2試合連続の9回裏同点ホームランを浴びたあの金炳賢（キム・ビュンヒュン）投手もシュートを投げるため、同チーム内ではすでにお馴染みの言葉となっている。

こうして日本の野球も少しずつメジャーに浸透しているのだ。

UNWRITTEN RULE OF MLB

11

メジャー流
ホームランを打つときの
作法とは

現在のメジャーは、まさにホームラン量産時代。

1998年にカージナルスのマーク・マグワイアが、1961年にヤンキースのロジャー・マリスが作った『**61本塁打メジャー記録**』を抜いて「**70本塁打**」の新記録を樹立したとき、「その数字は今後抜かれることがないだろう」と言われていたが、2001年、ジャイアンツのバリー・ボンズが「**73本**」を打って記録をあっという間に塗り替えてしまった。

メジャーに『ホームラン量産時代』到来

例えば1876年の本塁打メジャー記録は「**5本**」だった。1シーズンのトータル数がである。

初めて二桁本塁打の記録ができたのは1883年の「**10本**」で、翌年にはシカゴ・カブスのネッド・ウイリアムソンが「**27本塁打**」の新記録で20本台に到達したが、その後35年間、新記録は生まれず、1919年にレッドソックスのベーブ・ルースが「**29本塁打**」をマークしてやっと記録が塗り替えられた。

1920年からは第一次ホームラン量産時代が到来し、20年にヤンキースに移籍したルースが**「54本塁打」**の記録を作り、その後はしばらく40本台のシーズン最多記録が続いた。さらに27年にルースが**「60本」**をマークして記録更新を達成したが、再び本塁打の数は伸び悩み、61年にマリスが**「61本」**の新記録を作るまで、メジャーのシーズン記録は40から50本台に留まっていた。マリスの記録樹立以降もその状況は変わらず、81年のシーズン記録は**「31本」**に留まっている。

しかし１９９３年に球団が26から28に拡張されて以降、本塁打を巡る状況はまた大きく転換した。

２年後の95年にインディアンスのアルバート・ベルが**「50本塁打」**のシーズン最多記録で本塁打王に輝き自身初の50本台に乗せると、翌年には当時アスレチックスのマグワイアが**「52本」**で本塁打王、翌年はシーズン途中でカージナルスに移籍したマグワイアが両リーグ合わせて**「58本」**をマークし、翌年に**「70本」**、99年には**「65本」**と、いずれもマグワイアがメジャーの本塁打王の座に就いた。

さらに２０００年にはカブスのサミー・ソーサが**「50本」**で本塁打王の座に就き、２００１年にはボンズがマグワイアを超える**「73本」**で現在の歴代最多シーズン記録保持者となった。

２００１年の記録を見ると、ボンズに次ぐメジャー２位の記録がソーサの**「64**

本」。3位がダイヤモンドバックスのルイス・ゴンザレスで**「57本」**、4位がレンジャースのアレックス・ロドリゲスで**「52本」**と50本以上が球界に4人。40本以上となると両リーグ合わせて12人もいた。本塁打50本以上は当たり前という時代の到来である。

ボンズ、ピアザ、マグワイア、ソーサ……ホームランバッターが持つ独特のスタイル

しかしこれだけホームランが増えても、ホームランの魅力は廃れることはなく、ホームラン打者の価値が下がることもない。現在の高額年俸選手を見ても、トップにランクされるのは、ほとんどがボンズのようなホームラン打者である。

彼らはホームランを打つときにそれぞれの「スタイル」を持っている。

例えばボンズは**コンパクトなアッパースイングで、打った後、軸足に体重を残し仰け反るような格好で打球のゆくえを見送る。**

メッツのマイク・ピアザもユニークな打ち方をしており、ちょうど硬式テニスの格好のように、**スイングをフィニッシュしたとき両手をバットから離さない。**

GIANTS
25

最後に打球を見送るときにはバットを前に伸ばして立ち尽くすその姿は剣道の構えにも見える。

このピアザと対照的なのがマグワイアで、**スイングのフィニッシュは必ず左手、片手のみ。前足に重心を完全に移しながら、バットを片手で振り切る姿は『剣舞』のようなイメージ**がしなくもない。こういうスタイルでフィニッシュするから自然と次の動作に移るまでに時間がかかり、マグワイアがホームランを打ったときには一瞬、時間が止まったように見えたものだった。

これにやや似ているのがレンジャースのアレックス・ロドリゲスで、やはり**片手で大きく振り切る**のが特徴的だ。

マグワイアのよきライバルだったソーサの場合は、**ホームランを打った瞬間にバッターボックスを一歩踏み出してから飛び上がって両足をポンとつけるのがトレードマーク**となった。このときに打球のゆくえを見てフェンスを超えるのを見届けてから走り出すのだが、たまにホームランだと思って足をポンとつけたらただのフライに終わり、失笑を買ったこともある。

しかし、こうしたホームラン打者の個性的なポーズは、実は彼らだけに許された特権で、球界には、

『ホームランを打った直後には、ポーズも何もとる間もなく一目散に一塁ベースへ走るのがマナーである』

というアンリトゥン・ルールがある。

もし打球のゆくえを眺めながらホームベースにいつまでも留まっていると、相手に「ホームランを打ったことを誇示している」ように受け取られ、次の打席が回ってきたときには、相手投手から狙われてデッドボールをくらうことになるのだ。

「幸運にもノーラン・ライアンからホームランを打ったことがあったが、そのときは頭を垂れて何か悪いことでもしたかのように全速力で塁を回ったものだよ」

こう語ったのは、80年代にジャイアンツの捕手として現役を過ごしたダイヤモンドバックスのボブ・ブレンリー監督だ。

ライアンのようなノーヒットノーランや最多奪三振を何度も達成したような殿堂入りする大投手には、特に礼儀に気をつけなければならない。

米国でも古い時代にはそうした風潮が非常に強かったという。そしてその風潮は、ホームラン量産時代となり野球の質が変わってきた現代でもまだ廃れずに残っている。

例えば現在のメジャーの球場のうち、圧倒的にホームランが出やすいのが**コロラドのクアーズフィールド**、**ヒューストンのエンロンフィールド**、風が吹いたときの**シカゴのリグレーフィールド**などで、ホームランになりそうにない打球でも柵越えとなることが少なくない。

入るか入らないか微妙な打球が飛んだときには、つい立ち止まって打球のゆくえを目で追いたくなるものだが、それを我慢して、とりあえず一塁へ走るのが正しいマナーなのである。

ITSUDEMO ICHIMOKUSAN!!
NR
Major
1

マナー違反か否か？　ホームランを打った後の『新庄のバット投げ』

ジャイアンツの新庄が昨年、メッツでメジャー初ホームランを打ったときには、**『新庄のバット投げ』**がメディアの間で話題になった。

打った瞬間にバットを一塁側ダグアウトの方向へ大きく弧を描くように投げ上げ、それが非常に派手に見えたのだ。試合後、新庄のロッカーの周りにはメッツ番の米国人記者達が集まり、

「何であんな風にバットを投げるんだ？」

と、不思議でならないといった様子で質問を投げかけた。

「滑り止めをたくさん塗っているから、手から離れないんで。本当にたくさん塗っているんですよ」

というのが新庄の答えだったが、記者達はバット投げが一つのキメのポーズと受け取っていた。

このポーズは、ホームランを打ったときのマナーとしては〝際どいもの〟と言えるかもしれない。立ち止まって打球のゆくえを見送っている訳ではないためマナー違反ではないが、

PoI。

『こうしたポーズが原因で、敵からデッドボールをぶつけられるターゲットになっているのではないか』

という疑いが持ち上がったこともある。別の章でも触れたが、新庄がマーリンズ戦でノーストライクスリーボールからバットを振ってデッドボールを当てられたときがそうで、このときチームメイトのトッド・ジールは、

「新庄は長いリストバンドをしていたり、守備のときにジャンピングキャッチをしたり、ホームランを打ったときにバットを投げたりするから、それで目立っていて敵から狙われるのかもしれない」

と心配していた。

ホームランを打ったときの作法と同様に、守備で超ファインプレーをしヒットを食い止めたときなども、

『派手なジェスチャーをするのはマナー違反』

というアンリトゥン・ルールもある。派手なジェスチャーは〝相手をあざ笑う行為〟と受け止められるからだ。

ちなみにこうしたアンリトゥン・ルールが適用されない特権階級にいる選手達というのは、メジャーの中でもやはりケタ外れ。

ボクはGAMEではやんないョ。
パシッ
MARINERS

ホームラン・キングのボンズなどは、キャンプ初日のフリー打撃から柵越えを連発させ、同じ組で練習していた新庄も思わず仰天。

「あんな軽く打つなんて。初日だよ。ボールがどこに来ても、打球が同じスピードと角度でオーバー・フェンスする」

としきりに感心していた。

ボンズほどの打者になると、アンリトゥンルールを破っても問題にならないだけでなく、例えば**『チーム練習のときにもマイペースでやって構わない』**という暗黙の特権を与えられているようで、他の選手が全員、ランニングメニューをこなしているときに、一人だけ外れてクラブハウスへ引っ込んだりすることも多い。

ただし、かつては球界トップに君臨していたような選手が長い不振に陥ったり、故障や年齢的な問題で下り坂になってくると、その特権が通用しなくなるのもまたメジャーの世界だ。

特権階級から外されたケン・グリフィー・ジュニア

例えば90年代最高の選手の一人に挙げられ、本塁打など様々な記録を作ってきたシンシナティー・レッズのケン・グリフィー・ジュニア（外野手）は、この2年ほど太ももの故障もあって成績が振るわず、今年2月に元チームメイトから激しい批判を受けた。

「ジュニアは自分のことしか考えず、球団はそれに対して何も言わない。チームには25人の選手がいるんだ。一人だけのチームじゃない」

こう言って批判したのは今年、レッズからパイレーツに移籍したポーキー・リースだった。

「グリフィーはチーム練習に遅れてくるが、他の選手よりも打撃練習だけは多くやっていた」

などの不満もあげつらい徹底的に〝口撃〟した。レッズから今年、タイガースに移籍したドミトーリー・ヤング（外野手）も、

「レッズに比べたらタイガースは天国だよ。ジュニアがいるからレッズは酷いチームだったんだ」

と言いたい放題である。

このときレッズのチーム内では、『**選手が守るべきルールとは何か**』ということがしきりに議論された。

「野球は個人スポーツだ。個人を尊重する必要があると思う。ジュニアは自分とは違うことをするかもしれないが、それを尊重することも必要ではないかな」

シーン・ケーシー一塁手はそう言い、ダニー・グレーブス投手も、

「投手と野手ではルールは違ってくる。それは当然のことだと思う」

と意見。アーロン・ブーン三塁手も、

「ルールは選手によって違う。みんな違っていいんじゃないか」

と言った。また、かつてレッズの監督を務めた経験があり、グリフィーがマリナーズに所属していた当時に指導していたルー・ピネラ監督は、

「グリフィーや他のベテラン選手は特別待遇を受けていたが、それがチームに悪影響を及ぼしていたとは思わない。**いい働きをしてもらうためにプラスになることだったら、特別待遇も悪いことではないよ**」

と語っている。

『**ホームランを打ったら一塁へすぐ走れ**』というアンリトゥン・ルールはあるが、

特権階級のホームラン打者には適用されないように、暗黙のルールにも例外はたくさんあるのだ。

MAJOR LEAGUE COLUMN

③

メジャーリーガーはいつでも「野球より家族優先」か？

シーズン中にどの球団にもある『家族デー』と『ファミリー遠征』

日本球界でプレーする外国人助っ人を見慣れている我々にとって、アメリカ人選手というのは実に『マイホーム主義』だという印象を受ける。

「妻がアメリカに帰りたがっているから自分も帰る」

と言ってシーズン途中で一方的に退団し帰国してしまう助っ人もいれば、家族の都合で休暇を取ってしまうことも日常茶飯事。「どんな場合も家族が最優先」のように見える。

実際、メジャーでもマイホーム主義は浸透しており、シーズン中にはどの球団にも『**家族デー**』というのがある。球団の招待でコーチや選手の妻子が勢ぞろいし、試合前にフィールドで運動会のようなイベントを行うなど、家族と一緒に楽しめる日を設けている。

ワールドシリーズで優勝したチームは必ず地元でパレードを行う慣わしがあるが、このときにも家族がパレードに参加するのが当たり前になっている。選手と一緒に夫人がパレード・カーに乗り、沿道のファンから選手と同じように祝福を受けるのだ。

シーズン中には『**ファミリー遠征**』という

ものも行われており、このときだけは球団の負担で家族も遠征に同伴できるようになっている。

例えばチャーターバスも普段なら1台で済むところを家族同伴だと2台用意しなければならないのだから、球団も選手の家族のためにそれなりの出費をしているという訳だ。

昨年、新庄がメッツに所属しているときも夏休みシーズンにこの『ファミリー遠征』が行われ、志保夫人が同伴した。メッツのスティーブ・フィリップスGMによると、

「ファミリー遠征のときは例年、成績がいいんだ」

そうで、チームの成績が上がるなら、多少の出費も問題ではないということらしい。

こうした家族デーやファミリー遠征のとき以外にも、子供を球場に連れてくる選手は、日本では想像できないほど多い。

今季、メッツからロッキーズに移籍したト

メジャーリーガーはいつでも「野球より家族優先」か？

ッド・ジール（内野手）などは毎日、息子とともに球場に出勤し、試合が終ると一緒に帰っていく。どこの球場にも選手のクラブハウスの横には**『ファミリールーム』**という部屋があり、家族のための施設も整えられているため、小さな子供達をそこで遊ばせておくこともできるのだ。

メジャーでは、家族が病気になったときに、選手が試合を休んで看病に帰るというケースも多い。

「家族に一大事があれば、試合よりもそちらを優先するのが当然」

と同時に、家族に何か心配事があると、試合に出場しても集中できないだろうという配慮もあるらしい。

昨年引退したヤンキースのスコット・ブローシャス（内野手）が99年のシーズン途中に父親を亡くしたときも、そんな状況だった。

父マウリー氏は同年の9月にガンで亡くなったのだが、7月からは危篤状態が続き、最後の月には2度、球団から休暇をもらって看病に帰っていった。父の病状を心配しながらのシーズンは成績も振るわず、打率は前年の3割から2割4分台にまで下がった。

「今年は昨年より試合に集中するのが難しかったのは間違いない。自分の気持ちが同時に二つの場所にあるような気がして、野球に百パーセント集中するのが難しい時期があったからね」

そう胸中を語ったブローシャスは、少年時代から父に野球を教えられ、夢を託されて育ってきた。メジャーという最高レベルに行き着くほどの選手になるには相当な努力を重ねなければならないのだろうが、その陰で家族が献身的なサポートをしている例も少なくない。それだけに、絆が一層強いようだ。

遠征の途中で別のチームにいる父親に打撃コーチを頼んだケン・グリフィー・ジュニア

メジャーにはレッズのケン・グリフィーやマリナーズのブレッド・ブーン、ジャイアンツのバリー・ボンズやデビッド・ベル、マーリンズのプレストン・ウィルソン（外野手）など親子二代、あるいは三代で活躍している一家も多い。

現役時代に自らも活躍していた父親達は、今も何らかの形で球界の仕事に従事している場合が多く、例えばグリフィーの父ケン・グリフィー・シニアは息子と同じレッズで昨年までコーチ、今年からGM補佐となっており、ブーンの父ボブ・ブーンはレッズの監督、ボンズの父ボビー・ボンズは息子と同じジャイアンツで特別アシスタントの役職に就き、ベルの父バディー・ベルはロッキーズの監督、ウィルソンの義父ムーキー・ウィルソンはメッツで一塁ベースコーチをしている。

球界の中でのそうした親子関係はかなりオープンだ。

例えば3年前、グリフィーがまだマリナーズに所属していた当時、レッズのコーチをしている父に打撃指導をしてもうため、チームと別行動を取ってシンシナティに立ち寄ったことがあった。

その日のマリナーズは遠征のための移動日で中部地区に行くことになっていたが、グリフィーは単独でシンシナティーを訪れ、試合前のレッズの球場で父から打撃フォームのチェックをしてもらったという。このときグリフィーは深刻な打撃スランプに陥っており、

「自分の打撃を一番わかっているのは父だから」

と人目もはばからず、父の指導を受けた。もちろん、これには周囲も驚いたらしいが、

メジャーリーガーはいつでも「野球より家族優先」か？

マリナーズ側も静観ならレッズ側も静観した。

日本では、シーズン中に例えば『**ヤクルト時代の長嶋一茂選手が東京ドームに現れて、チーム関係者やファンの見ている前で巨人の長嶋監督に打撃指導をしてもらう**』などありえないことだが、メジャーではそうしたことにも寛容なようだ。

さらに珍しいケースでは、2年ほど前にメッツのスティーブ・フィリップスGMが「家族の問題」を理由に一週間、停職したことがあった。

その問題というのが、何と「**浮気**」。フィリップスGMが、数年前にフロリダ州にある球団のマイナーリーグ施設で働いていた女性と愛人関係になったことがあり、当時すでに別れていた相手の女性から〝その関係を暴露されてしまった〟のだ。

GM夫妻の間には一時、離婚話まで持ち上がったが、フィリップスGMが何とか関係を修復しようと、仕事を一週間も休んで妻への説得を続けたのだ。そのかいあって現在は夫婦円満のようだが、「**浮気が原因で仕事を休む**」とは、日本のプロ野球界ではなかなかないのではないだろうか。

『息子の卒業式出席』を契約に盛り込んだボビー・バレンタイン

こうして見ていくと、メジャーではとにかく家族が最優先で、球団は家族に関しては、一切口出ししないようにも思えるだろう。しかし、最近はそうとも言い切れなくなってきている。球団が〝意外な部分〟にまで口出しをしてくることもあるのだ。

例えば2001年、メッツのボビー・バレンタイン監督が長男ボビー・ジュニアの高校の卒業式に出席するため一日だけ試合を休ん

だことがあった。

1969年から79年まで現役、翌80年からコーチとして指導者の道を歩み始め、ここまで1年として休むことなく野球の仕事をし続けてきたバレンタイン監督には、自分の息子に対して、「そばにいて親らしいことをしてやれない」という負い目がある。ボビー・ジュニアはテキサスの自宅にいるため、シーズン中はほとんど離れ離れの状態になっている。そのため監督は、

「高校の卒業式だけは何としても出席すると、ずっと以前から約束していた」

という。それがせめてもの親心だった。

しかし息子の卒業式出席という理由による公式戦欠席は、決して簡単に許可が降りた訳ではない。バレンタイン監督は2001年のシーズン前に、球団と新たに3年の延長契約を結んでいるが、その契約の際に、

「卒業式出席を認めて欲しい。それを契約に

メジャーリーガーはいつでも「野球より家族優先」か？

盛り込んでくれ」

と頼んだほどで、かなり前から根回しをしていたのだ。しかも卒業式前日の試合ではしっかり指揮を執り、当日の早朝の飛行機でテキサスへ飛び、その日の深夜便でニューヨークにとんぼ返り、ほとんど睡眠もとらないまま翌日の試合にはチームに戻るという超強行スケジュールだった。

「妻の出産に立ち会いたい」とシーズン中にハワイに帰ったベニー・アグバヤーニ

2001年、メッツのベニー・アグバヤーニ外野手（現ロッキーズ）が、

「妻の出産に立ち会いたいからハワイの自宅に帰らせてくれ」

と球団に要求したときもひと悶着あった。

出産予定日はオールスターの2日ほど前だったのだが、丁度、チームでは新庄が故障者リスト入りしている最中で外野の層がやや薄くなっており、しかもチームは絶不調の波にはまり込んでいた。それでもハワイに帰りたいというアグバヤーニに球団首脳陣は、

「もう少しでオールスター休みなんだから、それまで待ったらどうだ」

と説得を試みた。マイナーリーグ時代から深い師弟関係の絆で結ばれていたバレンタイン監督も説得に乗り出し、ある日の練習中、フィールドにいるアグバヤーニのそばに寄って行って、

「どうだい。やっぱりオールスター前に帰りたいのかい」

と探りを入れたりしていた。

結局、アグバヤーニの〝出産に立ち会いたい〟という意志は固く、シーズン前半戦をあと2日ほど残してハワイへと帰って行った。

オールスター明けの後半戦開幕にはもちろん戻ってきていたが、最初の数試合、アグバ

ヤーニは出場機会をもらえなかった。バレンタイン監督の説明は、

「しばらく試合から遠ざかっているので勘を取り戻すのに少し時間が必要」

ということだったが、球団の引きとめも聞かずに帰ってしまったことに対する〝お仕置き〟のようにも思えた。

メジャーには確かにマイホーム主義の選手が多いのだが、結局、球界全体的に見れば、**「家族を二の次にして仕事を優先する選手を賞賛する風潮」**がある。

2001年、ランディー・ジョンソンとともにワールドシリーズMVPに輝いたダイヤモンドバックスのカート・シリングは、夫人が大変な皮膚がんと闘病していながら、仕事には少しも家庭の事情を持ち込まず、22勝6敗、防御率2.98という見事な成績を収めているが、世間はそんなシリングに熱烈な賞賛を贈っていた。

メジャーリーガーはいつでも「野球より家族優先」か？

息子が『メッツ』の帽子を被っていたために球団から注意を受けたアンディー・ペティット

余談だが、今年の春季キャンプ中、家族問題を巡って球団が〝意外な口出し〟をした出来事があった。

ヤンキースのアンディー・ペティット投手がある日、キャンプ地の球場に二人の息子ジョッシュとジャードを連れてきており、その親子の様子が新聞社のカメラマンの写真におさめられて翌日の地元紙に掲載された。それを見た球団幹部は血相を変えたという。

7歳の長男ジョッシュがヤンキースの因縁のライバルである『**メッツの帽子**』を被っていたのだ。

同じ街の球団ということもあって、ヤンキースとメッツは直接対決のサブウエイシリーズはもちろん、観客動員や新聞の一面を飾る回数に至るまであらゆることで競い合っており、特にヤンキースは『**メッツにだけは絶対に負けたくない**』という強い敵対心を持っている。それが、よりによって自分のチームの選手の子供が、その犬猿の間柄であるメッツの帽子を被っているとは何事かという訳である。

ペティットはすぐに球団のブライアン・キャッシュマンGMから事情聴取を受けた。

「息子は『メッツ』というリトルリーグのチームに入っているんだよ。それのどこが問題なの」

と言うペティットに、

「しかしもっと配慮してくれないと困る。ことがライバルのメッツに関わる場合はなおさらだ」

と諭すGM。その話し合いは険悪なムードになったらしい。

子供の身につけるものにまで口出しすると

は、メジャー球界も意外に〝器が小さい〟面があるものだ。

UNWRITTEN RULE OF MLB 12

どんな状況でも、取材を受けるのはメジャーリーガーの仕事

マリナーズ大敗後、取材を拒否して帰ったヤンキース選手たち

昨年のマリナーズ対ヤンキースの『ア・リーグ優勝決定シリーズ』でのことだった。

ヤンキースは最初の敵地2戦で連勝を収め、勢いに乗った状態で迎えた第3戦は地元ニューヨークに戻り、一気に王手をかけようかという情勢だった。

しかしこの日は、レギュラーシーズンでメジャータイ記録となる116勝を記録したマリナーズが意地を見せた。ヤンキース打線はマリナーズの先発ジェイミー・モイヤーに対して4安打2点を奪うのがやっと。

一方、マリナーズ打線は6回のジョン・オルルドの逆転ホームランを手始めに、この回だけで一挙に9点を挙げ、14対3の圧勝でシリーズ初勝利。ヤンキースは救援投手マイク・スタントンが犠牲バントの処理に慌てて三塁へ悪送球し失点するという最悪のミスもあり、全く精彩を欠いていた。

試合後、ヤンキースのクラブハウスに通じる通路では、何十人もの報道陣が扉が開くのを待っていた。普段からメディアの多いニューヨークだが、プレーオフには全米から記者が集まり、通常の人数の五倍はいた。90年代後半以降、プレー

オフで圧倒的強さを見せ続けてきたヤンキースが、このような大敗をすることなど考えられなかった。だからこそ、選手達がどんな表情で帰り仕度をしているのか、マイクを向けられて何を語るのか、みんな興味津々だった。

報道陣はかなり長いこと待たされた。普通なら10分程度でクラブハウスの扉が開けられるが、20分以上は待ったのではないだろうか。

そして、やっと扉が開いたとき、ヤンキースの選手達の姿はすでになかった。数人が残ってはいたが、ほとんど試合に出ていない控え選手や故障のケアのために残っていたデービッド・ジャスティス（外野手）、救援登板して肩のアイシングをしていたスタントンくらいで、主な選手は報道陣が入ってくる前に裏口から帰ってしまったらしかった。

「あれ、誰もいないじゃないか？」

「帰っちゃったの？」

報道陣はクラブハウス内をキョロキョロ見回しながらそう声を上げた。

「どうしたのか！」

と球団広報担当に詰め寄る記者もいた。

メジャーでは**『報道陣の取材に応じるのも選手の仕事の一つ』**

というアンリトゥン・ルールがある。新人研修や春季キャンプのときに行われる講習会などで、そのような指導が行われる場合もあるようだ。

特に試合が終った後の取材には応じなければならず、少なくとも監督と先発投手は、試合に勝とうが負けようが関係なく、取材を受けるのが半ば義務のようになっている。

試合が終るとまず監督室が開き、テレビクルーとラジオスタッフ、そして新聞などの活字メディア記者がぞろぞろと部屋に入っていく。監督のインタビューが終ると報道陣は次に選手のクラブハウスに移動し、試合で活躍したヒーローや鍵になるプレーに絡んだ選手などがいると〝囲みのインタビュー〟が始まる。

選手達は必ずクラブハウスにいるとは限らず、トレーナー室にケガの治療に行っている選手、試合後の習慣としてウエイトトレーニングをやるためにトレーニングルームに行っている選手、食事のためにダイニングルームへ入っている選手など様々で、報道陣に取材されるのを待っているという訳ではない。

自分が打たれて試合に負けたときの投手などは、やはり取材を受ける気分ではないらしく、自分のロッカーでゆっくり着替えをしながら報道陣をいつまでも待たせる場合もある。

まァ、
スターの宿命
でしょうねェ。

昨年のワールドシリーズ最終戦でダイヤモンドバックスのルイス・ゴンザレス（外野手）にサヨナラ・タイムリーを打たれたマリアノ・リベラがちょうど、そんな状況だった。

遠征に出るときは必ずスーツにネクタイ姿と決まっているヤンキースの一員である彼は、まず白いTシャツを着てその上に白いワイシャツを着、ズボンをはいてネクタイを異常に時間をかけながら結んでいた。その間、顔はうつむいたまま自分のロッカーの方を向いて報道陣に背を向け、取り囲んだ三十人ほどの報道陣はその着替えを見ながら、ただひたすらインタビューの準備が整うのを待っていた。着替えが済むとリベラはおもむろに報道陣と向き合い、

「悔しい？」

「僕は常にパーフェクトという訳じゃない」

と言葉のやり取りが始まっていった。

どんな状況であっても、インタビューを求められれば応じるのがメジャーの選手。しかも報道陣が監督室や選手のクラブハウスに入れない日本球界とは違い、取材環境は非常にオープンで報道陣にとってはやり易いと言えるかもしれない。

何と言っても、

「プロの選手なら取材を受けるのは当然」

という意識を持っている点が、さすがメジャーである。

取材を断った翌日に謝罪した佐々木

では、昨年のア・リーグ優勝決定シリーズ・マリナーズ戦で、取材をすっぽかして帰ってしまったヤンキースの選手たちは、その後どうしたのか。

翌日の新聞が揃って批判的な記事を書いたことは言うまでもないが、試合前の記者会見に出てきたデレク・ジータ（内野手）がその席で自ら謝罪したのだ。

「会見を始める前に皆さんに伝えたいことがあります。昨日、僕は取材に応じませんでした。そのことを謝りたいと思います。僕らは、みなさんが仕事ができないように、わざとああいうことをした訳ではありません。ですから、僕らに対して反感を持たないでいただければと思います」

会見場に姿を現したジータは、着席するや否や開口一番そう言った。

かつて、マリナーズの佐々木投手も2試合連続でセーブに失敗した試合の後、「とても取材を受ける気分ではないから」

と断ったことがあったが、翌日にはやはり報道陣に謝った。

ヤンキースは、球団が選手にそのような指導を徹底しているのか、オーランド・ヘルナンデス投手が取材をすっぽかして帰宅した翌日、謝罪したこともある。

ジータの場合は27歳とチームの中ではまだ年は若いが、リーダーとして周囲から認められ、他の選手の手本となる存在。報道陣からも、

「いつでも、どんな質問にも答えてくれる」

と慕われている。そんな立場から、取材を受けずに帰宅したことに人一倍、罪悪感を抱いたらしかった。

しかしメジャーにいるのは、ジータのような優等生ばかりとは限らない。スターになってくると、簡単には取材に応じなくなってくる選手もいれば、マスコミ嫌いで通っている選手もいる。

『大のマスコミ嫌い』アルバート・ベル

球界の中でも「大のマスコミ嫌い」として知られている選手と言えば、最近では昨年までオリオールズに所属していたアルバート・ベル（外野手）が有名だ。

彼は89年にインディアンスでメジャーデビューし90年代の10年間では球界最多の打点１０９９を記録、史上四人目の8年連続30本塁打と１００打点を達成、95年には史上初めての50本塁打と50二塁打を同時に達成している。

しかしこれだけの選手でありながら素行にはかなり問題があり、かつてコルクバット使用が発覚した事件は有名だが、他にも91年にはヤジを飛ばしたファンの胸元めがけてボールを投げつけ、95年にはハロウィーンの飾りつけを車で破壊するなど度々問題を起こしている。メディアともトラブルを起こし、95年にはＮＢＣテレビのスポーツキャスターに罵詈雑言を浴びせてリーグから罰金を科せられた。

報道陣とは一切口をきかず、それを知らずに話し掛けようものならジロッと睨まれて追い払われる。オリオールズの広報担当でさえ、

「ベルに話し掛けるって？　無理だ。やめておいた方がいい」

と触らぬ神に祟りなしといった雰囲気だった。

99年にホワイトソックスからオリオールズに移籍してきたときには、一時期、どういう風の吹き回しか

「メディアと話をする」

と宣言したことがあったが、それも数日で打ち切られ、

「俺と話をしたければ、俺のホームページからのみアクセスを許す」

と宣言した。その後は本当に、ホームページ上では質問に答えていたが、報道陣がベルに直に話し掛けることはなくなった。

ベルほどではないにしろ、新庄とチームメイトになったバリー・ボンズやレッドソックスのマニー・ラミレス（外野手）、昨年引退したカージナルスのマーク・マグワイアもマスコミ嫌いと言われている。

ラミレスの場合はドミニカ共和国生まれということもあって英語を話すのが苦手なため、アメリカ人記者とはあまり話をしないことからそうした評判が立った。ボンズの場合はどういう経緯かはわからないが、サンフランシスコの地元記者でさえ親しくする記者はおらず、むしろ腫れ物に触るような雰囲気で接している。

マグワイアは、あの70本塁打メジャー記録達成の98年にあまりにも注目され過ぎ、薬物使用など様々なことでメディアから批判されたこともあってか、だんだんとメディアとの接触を避けるようになった時期があった。

NANKA YOU?
い、いや べつに…

『米国メディアが最も取材しずらい選手』イチロー

米国メディアにとって取材しずらい選手というのもいる。マスコミ嫌いではないが表に出ることが好きではない、野球だけに集中できないと駄目なタイプ。昨シーズン終了と同時に引退したヤンキースのポール・オニール右翼手などがその例で、昨年のワールドシリーズ、地元ファンの前で最後の試合となるヤンキースタジアムの第5戦のときには、

「引退のことに関しては話したくない。会見をやるつもりはないよ」

と言い、記者数人がオニールを取り囲んで、立ち話でいくつか質問をすると渋々答えるのがやっとだった。

２００１年のイチローも、米国メディアにとっては取材しずらい選手だった。デビューしていきなりメジャーのトップスターの座に駆け上がり、全米の注目を集める『最も旬の選手』を取材したいというメディアは、地元シアトルだけでなく全米から来ていた。しかし、何とか突っ込んだ取材をしようと試みてもそれがうまくいかず、記者達は何ともじれったい気分を味わっていた。

「スポーツ・イラストレイテッド誌が5分間、スポーティング・ニュース紙も5

分間、シアトル・ポストインテリジェンサー紙もシアトル・タイムス紙もＵＳＡトゥデイ紙もベースボール・ウイークリー紙もそれぞれ5分、イチローに単独インタビューを申し込んだ。大勢のメディアに囲まれるような状況でなければ、彼がガードを緩め、全米が必死になって覗きたがっている〝イチローの内面世界〟を引き出せるかもしれないからだ」

こう書いたのはシアトル・ポストインテリジェンサー紙のデビッド・アンドリーセン記者だった。通訳を通したインタビューでは通常の取材の倍以上はかかり、5分で満足な取材ができるとは思えないが、それでもとにかく5分でもいいから時間をくれというのだからまさに必死。

「試合後のインタビューもいつも5分程度に限られ、テレビはダメで活字メディアのみによる取材。イチローのロッカーに近づこうとすると、すぐに追い払われる。シアトルの地元メディアも全米規模のメディアもこぞってイチローの内面を探ろうとしているが、アメリカは依然としてイチローがどんな人物なのか把握できていない」

アンドリーセン記者はそうも書いている。またあるスポーツ通信社の記者は、

「イチローは試合前には取材を受けず、他の選手が話をしているそばで、椅子に

座りながら真っ直ぐ前を向きバットを握っている。試合後は話をすることもあるが、自分のロッカーを向いて座り、質問してくる記者の方にはほとんど注意を向けない。記者達は彼の後頭部に向って話し掛けている」

と書き、ヤンキースとのリーグ優勝決定戦が行われていたときはニューヨークの記者が、

「イチローの心の中が垣間見られるような答えを引き出すのはほとんど無理だとはわかっているものの、とりあえずみんなその難題にチャレンジしようと彼に質問した」

と書いた。昨年、アメリカのメディアが書いたイチローに関する記事には、**『イチローを取材するのがいかに難しいか』**という内容のものが数え切れないほどあった。それは半分、思うように取材ができない記者達の言い訳でもあったのだろうが、イチローがどれほど米国で注目されていたかを物語るものでもあった。あれほど注目を浴びたのは、最近では4年前のマグワイアくらいかもしれない。

「プロの選手なら取材を受けるのは当然」

とは言え、メジャーの中でもさらに選びぬかれたメジャーリーガーにとっては、なかなかそうもいかない場合もあるのだ。

DOUNIMO
HANASHI
KAKEZURAINA~:

UNWRITTEN RULE OF MLB

13

自分の成績や記録を気にしていても気にしないふりをしないと叩かれる

1978年にピート・ローズが44試合連続安打を途切れさせたとき、その試合の敵軍投手・新人のラリー・マクウイリアムスに対して、

「あいつが真っ直ぐで勝負してこないから記録が途切れたんだ。卑怯だぞ」

と怒りを顕にし、周囲の失笑を買ったことがある。

歴代盗塁王のリッキー・ヘンダーソンは、ルー・ブロックのメジャー最多盗塁記録を破ったとき、

「これで俺はグレイテスト（一番）だ」

と堂々と胸を張ってひんしゅくを買った。

『何事も前に出過ぎず周囲と協調する』という考え方は日本人的な美徳かと思ったら、自己主張するのが当たり前のお国柄というイメージのある米国でも実は同じらしい。球界では、選手が何かの記録に挑んでいるときでも、

「記録を狙っている」

などと口にしては批判を受けるのだ。

そのため最近の選手達の多くは、

「記録なんて全然欲しくない。そんなものよりチームが勝ってプレーオフに進出する方がよっぽど大事」

と同じ事ばかり言うようになった。判で押したように優等生発言を繰り返すのだ。

「記録ばかりにこだわっている奴と俺は違う!」とサミー・ソーサーを批判したマーク・マグワイア

1998年にカージナルスのマーク・マグワイア（内野手）がロジャー・マリスの持つメジャー最多61本塁打記録の更新に挑戦しているときもそうだった。〝記録を抜けると思うか、抜きたいのか〟ということはもちろん、記録を意識した発言は常に避けていたようなところがある。カージナルスのトニー・ラルーサ監督によると、

「マークが何か記録のことについて言ったことが、いくつかのメディアで批判的に書かれたことがあった」

というのが理由らしかった。自分の発言が捻じ曲げられて解釈されることが重なり、それに嫌気がさして、あるときから記録のことを話したがらなくなったという訳である。そのため、記録に近づいてきた頃には、カージナルスが遠征に出

るとその先々で一度だけ報道陣のために会見を開くようにはしていたが、普段、何かを語ることはなくなった。

メジャーでは試合が終ると選手のクラブハウスが報道陣に開放され、新聞記者やテレビカメラが室内に入って自由に取材が許されている。マグワイアが本塁打を打った試合の後には報道陣から囲みのインタビューを受けることはあったが、球団の広報担当が報道陣に、

「ホームランのことに関しては聞かないように」

と釘を刺したこともあった。

当時、トレーナー室でトリートメントを終えたマグワイアが自分のロッカーに戻ってくると、周辺に待機していた、二十人は下らない報道陣が押しくらまんじゅうのように集まってきた。そして中には、広報担当に釘を刺されていながら、

「今日は○本目のホームランを打ったが、どうでしたか？」

と尋ねる者がやはり必ずいた。そんなときマグワイアは、試合が勝っていれば、

「試合に勝ててよかった。俺はチームがプレーオフに進出することだけを考えている。チームの勝利に貢献できればそれが一番だ」

と言い、負けたときには、

「試合に勝てなければ何の意味もない」

と言うのがお決まりだった。

自分は『記録よりチームの勝利を優先する』と主張し続けるマグワイアはあるとき、

「記録ばかりにこだわって身勝手にやっている奴と俺は違う」

と発言したこともあった。名前こそ出さなかったが、このとき本塁打の記録争いでデッドヒートを演じたカブスのサミー・ソーサ（外野手）を暗に批判した言葉であろうことは一目瞭然だった。

ライバル関係であると同時に、同じ境遇にいて互いに理解できる関係としてソーサと友情を育んでいたかに見えたマグワイアが、その相手を批判するのは意外だった。マグワイアと対象的に、ソーサは記録のことに関してもオープンに語り、

「マークは米国のヒーローだけど、俺はドミニカ共和国のヒーローだよ」

と言った。本塁打の記録争いを楽しんでいるようで、それが見ている者にも伝わってきた。皮肉なことにカージナルスはこの年、シーズン途中でプレーオフ進出争いから完全に脱落し、一方のカブスは最後までペナント争いに絡んでいた。

そんなソーサが羨ましかったのか、それともそんな彼を見て苛立ちを募らせてい

たのか、とにかく記録争いをしていたマグワイアはどんどん気難しくなっていった。

70本塁打の新記録を樹立した翌年も、それは続いていた。春のキャンプが始まったとき、マグワイアほどの選手ならば毎日のように報道陣に囲まれてもおかしくないのだが、本人がそれを避けていたようで、試合が終ると報道陣に全く姿を見せずに帰ってしまうことも多かった。セントルイスのカージナルス番記者でさえ、積極的に取材することを遠慮しているような素振りがあった。

あるとき、マグワイアが珍しく報道陣の囲みの取材に応じたときがあったが、繊細さを欠いた質問をされて明らかにムッとし、途中で取材を打ち切ったこともある。

「今年は何本、ホームランを打ちたいですか。70本ですか、60本ですか？」

それまで穏やかに記者と会話をしていたマグワイアは、その質問を聞いた途端に顔色を変え、

「一体、この人、何を聞いているんだ？」

と言って肩をすくめ、その場から立ち去ってしまった。

怒らせた質問の主は、日本のあるメディアのスタッフだった。

YONDA?
SOSA
21
OREWA AITSUTOWA CHIGAUYO
Cardinals

それ以来、マグワイアはほぼ完全に取材をシャットアウトするようになり、球団は試合後に報道陣がクラブハウスに入ることにさえ神経を尖らせるようになった。それが日本人記者などだった場合はなおさらで、クラブハウスに入ろうとすると、入り口の警備スタッフから止められ、決して中に入れてくれなくなってしまった。

話はやや脱線したが、とにかくマグワイアというのは、37年間も保持されたマリスのメジャー本塁打記録を破ったと同時に、

「**記録挑戦者は決して記録のことを語らない**」

というスタイルを確立し、極めた存在でもあると言えるだろう。

KIROKUNO
KOTOWA
KATARANAI!
Cardinals

「本当はホームランを打ちたいんだろ?」と挑発されたバリー・ボンズ

マグワイアの流れを受け継いだのが、2001年、そのマグワイアの記録を抜き73本塁打のメジャー最多記録を新たに作ったジャイアンツのバリー・ボンズ(外野手)である。

すでに何年も前から球界のスーパースターであるボンズは、もともと取材嫌いで有名だった。サンフランシスコは全米でもメディアの数が多く、ジャイアンツ番記者は何人もいるが、そんな地元記者達とも関係は良くなく、親しく話す相手など一人もいない。どうしても取材をしなければならないようなときは、番記者がボンズの顔色を伺いながら、おっかなびっくり話を聞きに行くといった雰囲気なのだ。

しかし2001年、シーズンのかなり早い段階からマグワイアの記録にチャレンジできそうだという状況になったとき、ボンズは報道陣に対する姿勢だけは変えるようになった。マグワイアと同じように遠征先を訪れる度に、連戦の初日の練習前に記者会見を開くようになったのだ。これは、野球に集中したいので他のときは取材に応じないが、その代わり会見でまとめて質問を受ける機会を設けるという配慮である。

これを普通は〝取材規制〟と言うが、それまで取材をほとんど受けてこなかったボンズにとっては、報道陣にアクセスする機会をきちんと与える結果となり、むしろ喜んだ報道陣は多かったかもしれない。

中には、ボンズがいつも取材に応じないため反感を持っている報道陣もかなりおり、そうした人達にとっては、これがボンズに〝チャレンジ〟するいい機会とばかりに、厳しい質問をぶつける記者もいた。

8月下旬にジャイアンツがニューヨークに遠征したときがまさにそれで、『ボンズ対報道陣』の緊迫した言葉のやり取りが展開された。

メッツと3連戦を行うことになっていたジャイアンツは、その緒戦の前にボンズの会見を設定した。シェイスタジアムには会見場という設備はないが、かつてNFLニューヨーク・ジェッツがロッカーとして使っていた部屋を会見場代わりに使っており、70人くらいが座れる会場には報道陣が満杯に入り、普段はめったに球場に取材に来ないメディア関係者の姿も多く見かけられた。

ボンズはマグワイアの例に倣って、

「ホームランがどうしたとか記録がどうだとか、俺はそういうことは一切気にし

てない。ホームラン・コンテストが目的で試合をやっているんじゃないよ。勝つことを目的にやっているんだ」

と言ったり、

「これが自分のベストシーズンだとは思っていないよ。ただホームランの数が多くなっているだけだ」

と語った。

しかしニューヨークの報道陣は甘くはなかった。何せ全米一その数が多く、特に競争の激しいタブロイド紙には、一筋縄ではいかなそうな、悪く言えば〝ひねくれた〟記者が多い。

「本当にホームランのことなんか考えてない。ただ試合に勝ちたいんだ。それだけだ」

と言うボンズに、

「でも『**記録を抜きたい**』という思いはあるだろ」

と突っ込む一人の記者。

「70本なんて打ちたいとも思ってない」

ボンズがそう答えると別の記者が、

「何で？　打ちたいと思わないの？」

　とさらに突っ込みを入れた。

「必要ないね。ホームランを打ってもチームが負けたら何もならない」

　ボンズも一歩も引かずにそう言葉を続けると、さらに会見場のどこからか、

「何で『70本打ちたい』って言わないんだ？　本当は打ちたいと思っているんだろ？」

　と挑発的な声が飛んだ。

「あんた方はおかしいんじゃなのか？　マークは70本打ったけどチームは最下位だったじゃないか」

　ボンズの声はやや上ずっていた。遠慮のない突っ込みとそれをかわすボンズの言葉のやり取りが行われる間、会場には戦いの現場のような緊張感が走っていた。記録はどうでもいいと主張するスラッガーと、優等生的な発言に苛立つ報道陣の、まさに攻防だった。

「本塁打の記録を作ったことは凄いことだった」マグワイアの本音

メディアというものは、記録にこだわることは身勝手だと批判しながら、記録は二の次と言われると「つまらないコメント」だと不満を持つ。しかし選手に優等生的な発言をさせているのもまたメディアの方だった。

こうしてマグワイアもボンズも決して、

「記録を狙いたい」

とは言わなかったが、しかし内心ではもちろんその気持ちはあったようだ。

２００１年のシーズン終了後に現役を引退したマグワイアは、もう時効とばかりにその当時の本音を語っている。

「98年は本当に素晴らしいシーズンだった。『**あんなことはもう二度と起こらないかもしれない**』あの直後は本当にそう確信していた。しかし翌年の自分の本塁打数が65本に達したとき、考えが変わったね。70本は破られると思った。俺は非常に現実主義なんだ。記録は破られるためにあると思っている」

そう語ったマグワイアは、

「記録を破るときより、記録を持ってしまった後の方がよりプレッシャーを感じ

70PON. UCHITAIN DESHO-?
KIROKU KININARU?
KIROKU YABURITAI DESHO-?
GIANTS
25
JIBUNNO TAMENI. UTSUN DESHO-?

るね。俺がマリスの記録を破ったとき、シーズンはまだかなり残っていた。サミーが凄い勢いで打っていたこともわかっていた。俺はただペースを守って打ち続けるしかなかった」

と記録樹立後の気持ちも口にしている。

現役最後の2年間は、持病の右ヒザ痛に悩まされ全く活躍できないまま引退。あれだけの活躍をした選手にしては静かに消えていってしまったが、それだけに今は、

「本塁打の記録を作ったことは凄いことだった。あれで一気に人生が変わってしまった」

と当時のことを懐かしんでいるという。

KAKIN

MAJOR LEAGUE COLUMN

④

ホームランボールを巡るファンの壮絶な争い

日米の野球に違いがあるように、ファンの気質にも、やはり日米では大きな違いがある。日本のファンの応援は鳴り物を使うが、アメリカではまず使わないというのはよく知られた違いだが、アメリカのファンを見ていて何といっても驚くのは、**物欲の凄さ**だ。

彼らは、

「球場に行ったら必ず何かを持って帰ろう」

という、執念のようなものに駆り立てられているかに見える。〝何か〟というのは、例えば野球ボールだったり、選手のサインだったり、バットだったり、あるいは球場で配られる無料配布品だったりする。

野球ボールを欲しがるファンは、試合が始まる2時間前には球場にやって来て、開門すると同時になだれ込み、選手が打撃練習をやっている間、グラブを構えて柵越えの打球やファールボールをキャッチしようと必死になっている。中にはダグアウトのすぐ上の最前列にへばりつき、仕事中の記者だろうと誰だろうとお構いなしに、

「ちょっとそこの人、あそこにあるボール、取ってよ」

と図々しくねだるファンもいる。そして言う通りにボールを投げ渡すと、何人ものファンがボールの落ちる場所に群がり、激しい取

り合いが行われる。そのボールには別にサインが入っている訳ではなく、練習でさんざん使っているため土で汚れてさえいるのだが、そのボールを手に入れようとなぜか恐ろしいほどに必死になっているのだ。

試合中にスタンドに入ったものは、ボールでもバットでもファンのもの

2001年、73本塁打のメジャー記録を樹立したバリー・ボンズが春季キャンプで打撃練習をするときには、練習場の外にグラブを構えたファンが何十人と集まってきていた。

ジャイアンツのキャンプの練習場は公道に面しており、外野フェンスの向こうは5メートル幅ほどの草原を挟んで道路があり、右中間方向に面した道路の向こうはゴルフ場になっている。左打者のボンズがバットを思い切り引っ張ったときには、ボールがこのゴルフ場にまで飛んでいくこともある。集まったファンはもちろんそれを追って行くのだが、道路には当然、車も走っており、車がすぐそこに迫ってきているケースも少なくない。

しかし、それでもお構いなしに飛び出していく人も結構いる。

「車にぶつかって落すかもしれない命より、ボンズが練習で打ったホームランボールの方が大事」

と言わんばかりの無謀な行為を平気でするのだから恐れ入る。

こうしたファン気質があるため、

『試合中にスタンドに入ったものはファンのもの』

というルールがいつの間にかできているようだ。ホームランボールはもちろん、ファールボールがスタンドに入れば、それをキャッチした人が無条件でそれをお持ち帰りできる。

ホームランボールを巡るファンの壮絶な争い

バットの場合は、多少ややこしい。

メジャーの球場は、日本のようにフィールドと客席がフェンスで隔てられていないため、打者が打席でスイングした瞬間に手が滑って、バットがスタンドまで飛んでいくことがたまにある。それを幸運にもキャッチしたファンはもちろんそれを自分のものにしようとするのだが、メジャーの選手にとってもそのバットは大事。

単純に考えても野球ボールよりバットの方が高価であることは言うまでもないが、そのバットを使ってヒットが続いているときなど、調子が続く限りそのバットを使い続けなければ気がすまないという選手は多い。そういう点は日本と一緒で、ゲンを担ぎたがるのだ。

バットをキャッチしたファンは一瞬、

「やったー。バットを取ったぞ。俺のものだ」

とガッツポーズまでして喜ぶが、球場の係員がすぐにやって来てそれを奪っていってしまう。

ところが、手を滑らせてバットを飛ばしてしまった選手は、大事なそのバットを返してもらう代わりに、ゲン担ぎの対象になっていない**『練習用のバット』**などをその場ですぐにファンに渡すのが、最近の慣わしのようになっている。そうすればバットをキャッチしたファンを失望させることもないし、大事なバットを失うこともないという訳だ。

今年のキャンプのとき、ジャイアンツの球場では、折れたボンズのバットでさえ「50ドル」で売られていたくらいだから、選手が使用しているバットをタダで手にできたファンはかなりラッキーだと言える。

マグワイアのホームランボールにエスカレートした奪い合い

ボールやバットを何としてでも手に入れようとするファンの執着心が高まってきたのは、1998年にマーク・マグワイアが70本塁打の新記録を樹立したシーズンからだろう。

ロジャー・マリスの61本塁打という37年前のメジャー記録に近づくにつれ、ビッグマックの打ったホームランボールの価値に注目が集まった。それらのボールは、記録を争ったサミー・ソーサのホームランボールと共にオークションで競にかけられ、驚くほどの値が付けられている。

最も高値がついたのは、ビッグマックがシーズン最後に打った**『70号目のホームランボール』**で、翌年1月に開催されたオークションに提供され**『270万ドル』**（約3億6千万円）で競り落とされた。同じオークションでソーサが記録した**『66号目のホームランボール』**も競にかけられ、**『15万ドル』**（約2千万円）で落札されている。

これ以前に競りにかけられた野球関連の記念品で、最も多額な値がつけられたのは**『ベーブ・ルースがヤンキー・スタジアムで初めて打ったホームランボール』**で、**『12万6千500ドル』**（1千700万円）だった。

ビッグマックの70号は最初、40万ドルから競がスタートし、またたく間に値が競りあがって10分で落札されたという。当初は「100万ドルの値がつけられるだろう」と言われており、その予想を遥かに上回る落札額となった。

この70号ボールを手にして競売に提供したのは、セントルイスに住むワシントン大学の研究者、26歳のフィリップ・オゼスキー氏で、

ホームランボールを巡るファンの壮絶な争い

70号が達成された9月27日、仲間と試合観戦に訪れ幸運を手にしている。その瞬間は、

「ボールが飛んできて、誰かの手に触れて壁にぶつかり、外野席の椅子の下に転がってきた。その場所にすぐに飛び込んでつかむことができた」

という状況だったらしい。

このオークションではビッグマックとソーサの他のホームランボールも続々と競にかけられ、ビッグマックの68号が5万5千ドル、67号が5万ドル、63号が5万ドル。この年にビッグマックが本拠地ブッシュスタジアムで打った自己最長記録で同球場の最長記録でもある545フィート（166メートル）の16号ホームランボールは2万ドルだった。ソーサの方は64号が2万4千ドル、61号が1万5千ドル、55号が4千500ドル。メジャーの月間最多本塁打記録となった6月に打った33号は2万ドルだった。

ビッグマックの70号ホームランボールについた値は、もはや常識を超えていると言っていいが、記録とは関係のないソーサの55号でさえ何十万円という値がつくのだから、なりふり構わずホームランボールに飛びつくのも無理はないのかもしれない。オゼスキー氏も最初はホームラン・ボールをつかもうという気持ちで試合観戦に行った訳ではないそうで、キャッチしたときも、

「これは野球殿堂に置かれるべきボールだ。これを売るとしても、ただ自分の物欲のためだけに手に入れようとしている人には売りたくない」

と語っていたらしい。が、結局、オークションで最高値を付けた人に売るという道を選んだのだから、お金の魅力に負けたとしか言いようがないだろう。

裁判沙汰になった『ボンズのメジャー新記録のホームランボール』

一方、ビッグマックの70号ホームランボールを買った人は、アリゾナ州に住むコミック本と玩具の製造プロダクション経営者トッド・マクファーレン氏で、スポーツグズッズのコレクター。ビッグマックの98年の第1号と63号、67号、68号、ソーサの33号、61号、66号も競り落として所有しているという人物だ。2001年、ジャイアンツのバリー・ボンズが「ビッグマックの70号の記録を破るのではないか」と言われ始めた夏前には、

「もし記録が破れたらボールの価値がなくなってしまう。自分は超まぬけということになるよ」

と嘆いていたが、

「ボンズが71号を打ってそのボールがオーク

ホームランボールを巡るファンの壮絶な争い

ションにかけられたら、もちろん競に参加するよ」

とも息巻いていた。このような大金をはたいて記念ボールを買う超金持ちのコレクターがいるから、グラブ持参で球場に来る人は競い合ってホームランボールに飛びつく。そしてホームラン競争が加熱するにつれて、ボールの獲り合いもエスカレートするばかりである。

ボンズのメジャー新記録73号のホームランボールなどは、その所有権を巡って裁判沙汰まで起きてしまったほどだ。

2001年10月7日、ジャイアンツの本拠地パシフィック・ベル・パークでドジャースのデニス・スプリンガー投手から打った73号はスタンドに飛び込み、何人ものファンが群がって取り合いとなった。

最初にグラブでボールをつかんだのはサンフランシスコ郊外でレストランを経営するアレックス・ポポブ氏という人物だったが、グラブに収まったボールは他のファンにもみくちゃにされて転がり落ちてしまい、最終的に手にしたのがパトリック・ハヤシ氏という人物。100万ドルの価値は下らないというこのボールを手にしたハヤシ氏は大喜びしたが、ポポブ氏がそれに待ったをかけた。

「最初にボールをキャッチしたのは自分であるから自分に所有権がある」

と主張し、

「返さなければ訴える」

と言い出したのだ。何とも凄まじい奪い合いである。

今季もこうしたホームランボール獲得争いは鎮まることはないだろう。ボンズが73本塁打を打ち、

「今季はソーサが75本塁打に挑戦するのではないか」

とも言われているのだから。

ボンズVSソーサーの ホームラン記録を巡る場外乱闘

この春のオープン戦では注目のボンズとソーサがいきなり2戦目で顔を合わせ、ボンズも試合前のフィールドで、

「今年は俺の記録を破ってくれよ」

と挨拶代わりに言ったという。

「バリーがそう言うから、俺は『**ノー、ノー、無理だよ**』と言ったんだ。でも『**せめて70本は打てよ**』とさらに言うんで、『**俺には俺の目標があるから口出しはしないでくれ、なるようにしかならないから**』と言っておいたよ」

初顔合わせの後、報道陣に囲まれたソーサはそう言った。そして、

「バリーはあっという間に73本の記録を作ってしまった。今年や来年あたりに誰かが74本か75本を打っても驚かないだろ」

ホームランボールを巡るファンの壮絶な争い

とも。

『80本はどうか』と誰かが尋ねると、

「それはどうかわからないけど」

と前置きしながらも、

「毎年、誰か新たな顔が出現して記録を作っている。今年、それが誰なのかわからないけど、俺もその候補の一人として忘れないでもらいたいね」

と自信を見せた。

「常にホームランのことばかり考えることはできないし、毎打席、ホームランを打つこともできない。でも、ファンは大きな一発を見に球場に来ているんだ」

そう語るソーサが今年も順調なペースで打ち続けたら、あるいはボンズが昨年のペースと変わらない速さで一発を量産したら、夏前にはまたホームランボール獲得競争もヒートアップすることだろう。

余談だが、ボンズとソーサはこの後、メディアを通してちょっとした言い争いをした。

ボンズがソーサのコメントを読んで、

「俺は、自分の記録を破る選手が誰だろうと全く気になんかしていないぜ。サミーは話を誇張して言い過ぎてるよ」

と発言。それを読んだソーサが今度は、

「バリーはいい奴だと思っていたけど今は彼のチームメイト達が言っている〝彼に関する批判的な言葉〟を信じなければならないね」

と怒りを顕にした。

ソーサの怒りのコメントが伝えられた日、ボンズはオープン戦の後に珍しく報道陣に囲まれインタビューを受けていた。

「何でサミーが突然、そんなことを言ったのかわからないよ」

ボンズはそう言い、

「俺はサミー・ソーサが好きだよ。メディアが誤った解釈をして書いたからこういうことになったんじゃないの。彼は素晴らしい選手

だし素晴らしい人間だよ。こんなことになるなんて、今日は球界にとって悲しい日だね」

と続けた。

それは〝本音〟で言っているのか、それとも〝皮肉〟なのか。

いずれにしろ、この場外乱闘が二人のホームラン競争をますます面白くすることは間違いなさそうだ。それと共に、ホームランボールへの注目度も一層、盛り上がっていくことだろう。

アメリカは、球場のスタンドに飛んでくる〝お宝キャッチ〟にますますはまり込んでいくかもしれない。

UNWRITTEN RULE OF MLB 14

メジャー流トレードの仕方 され方

「『トレード』にはビックリした!! こういう世界なんだなと……びっくりした。何があるかわかんないから、しっかりしないと」

新庄が改めてその衝撃を語ったのは、自主トレ中のハワイだった。

オフの間、ファッション関連の授賞式には度々顔を出していた新庄がトレーニングウエア姿で報道陣の前に姿を現すのは、それが2002年に入って初めてのことだった。

「トレードにはビックリした!! メジャーは、こういう世界なんだな……」と衝撃を語った新庄

1月のハワイは日中の気温が28度程度だったが、湿度が高く蒸し蒸ししていた。すでに黒く日焼けしていた新庄は、ワイキキビーチの公園で念入りに走り込みをしていた。1年目は太ももの肉離れで約1カ月、故障者リストに入ったが、その二の舞を踏まないためにもキャンプ前は下半身強化に重点を置いたという。

2年目とはいえ、昨年12月の電撃トレードでジャイアンツに移籍し、今年もまた新チームでの船出。

「2年目で（メジャーの）システムがわかったのは一番だけど、人間関係がどうなるか」

新庄の口からそんな不安が漏れた。

メッツでは自分から積極的にチームに溶け込もうと努力し、2ヵ月も経った頃にはすっかり仲間に打ち解けていた。言葉によるコミュニケーションはほとんど取れなかったが、新庄の素直な性格は雰囲気としてチームメイトには伝わるらしく、チームでは番長的な存在であるベテランのターク・ウェンデル投手などにはずいぶん可愛がられていた。

しかしジャイアンツでは、またゼロから人間関係を作り上げていかなければならない。クラブハウスの中がどんな雰囲気なのか、どんな選手達がいるのか、全くわからない状態では、さすがのポジティブ人間といえど不安は隠せない。

しかしトレードに〝いい〟と〝悪い〟があるとすれば、新庄のそれは〝いいトレード〟だった。昨年、メッツのスティーブ・フィリップスGMは、

「新庄をトレードに出すことは全く考えていない」

と語っていたし、それは嘘ではなかったと思う。GMがトレードに出したがっていると噂されていたのは、新庄と外野のポジション争いをしたジェイ・ペイト

ンとビニー・アグバヤーニだったが、なかなか引き取り手がいなかったと言われている（結局、ペイトンは残留し、アグバヤーニは1月21日になってロッキーズへのトレードが決まった）。

新庄の場合は、トレードに出す気はなかったが、先方が「どうしても欲しい」と言ってきたため急遽、方針を変えた。ジャイアンツは「先発の柱の一人であるショーン・エステス投手を交換に出す」というのだから、話に乗らない手はなかった。ぜひ欲しいと望まれて移籍していくのだから、新庄にとっては〝誇るべきトレード〟だったのだ。

トレード通告されて激怒したアロマー

日本と違ってメジャーでは、それこそトレードは日常茶飯事。一つのチームで野球人生を全うしたのは、最近ではパドレスで20年間、現役を続けたトニー・グウィン（外野手）とオリオールズで21年間、現役を続けたカル・リプケン・ジュニア（内野手）くらいだ。その二人も昨シーズン限りで引退、〝生え抜き〟という肩書きにこだわる選手はもうほとんど残っておらず、トレードは選手たちにとって「当然過ぎるくらい当然のこと」と受け取られている。

しかし新庄のように〝誇れる〟トレードも多い一方、チームから〝出される〟というネガティブなイメージのトレードが多いのもまた事実。昨シーズン終了から今シーズン開幕までの間にも大型、小型を含めトレードが頻発したが〝出され型〟のトレードも目についた。

新庄がトレードされる直前に、インディアンスからメッツにトレードされたロベルト・アロマー二塁手もそのタイプ。

「**頭にきたよ**」

トレードされた後に電話でその事実を告げられた彼は、そう憤慨したという。アロマーといえば、走攻守と三拍子揃ったメジャーでも最高レベルの二塁手でスイッチヒッター。２００１年はイチローと激しい首位打者争いを演じ、最終的にはリーグ2位の打率３割6分6厘を打ち20本塁打、１００打点、30盗塁という活躍を見せ、守備ではゴールドグラブ賞を10度受賞している。

それほどの選手をトレードに出したインディアンスのお家事情とはこうだ。

球団はホームゲームのほぼ全てが入場券完売という人気を誇り、メジャー30球団の中でも豊富な資金力を誇ってきたが、97年以降はワールドシリーズ進出からも遠ざかり、経営的にもややかげりが出てきた。そこで昨シーズン終了後に27億円という大幅な年俸削減政策を打ち出し、年俸10億円のアロマーが放出された。言わば〝リストラ型〟トレードである。

またアロマーは「チャーリー・マニエル監督と不仲だった」と言われている。別の章でも触れたが、きっかけは2年前、アロマーがある試合でデッドボールをぶつけられたのだが、

「自分のチームの選手がぶつけられたら、普通は監督が仕返しなり何なりしてくれるものじゃないのか」

と激怒したことから始まった。

以来、アロマーとマニエル監督は目を合わせることもない冷え切った関係になっている。それがトレードに影響したかどうかはわからないが、「監督と不仲の選手が放出される」という例はこれまでにもあった。

DETEKEBA IINDESHO! DETEKEBA!

やっかい者は放出される！　球界一の問題児ジョン・ロッカー

今シーズン前にトレードされた選手の中で、問題を起こして放出されたのがインディアンスからレンジャースへ移籍したジョン・ロッカー投手だった。

ロッカーと言えばブレーブスに所属していた2年前に、地区ライバルであるメッツのファンに対して差別的発言をし、以来、「球界一の問題児」として名を馳せるようになった。その発言があまりにも常軌を逸していたため、メジャーリーグ機構がロッカーに精神鑑定を受けるように命じたほど。

『スポーツイラストレイテッド』誌に掲載されたその発言の一部を抜粋すると、

「**ニューヨークに関して俺が我慢ならないのは、外人の多ささ。タイムズスクエアを歩き回っていても、英語を喋る奴には一人も出くわさねーからな。メッツの本拠地シェイ・スタジアムへ行く7番の電車に乗っていると外国の街にいるような気がするよ。妙な奴らばかりが乗っていて気が滅入ってくる**」

一部のチームメイトを指して「太った猿」という発言もしている。

もはや問題児ロッカーをかばう者はチーム内にもいなくなり、ブレーブスは昨年、彼をインディアンスへトレード。インディアンスではしばらく、大きな問題

TSUGIWA DOKONO チームDA!!
問題児
JOHN ROCKER

を起こしてはいなかったが、プレーオフのマリナーズ戦のときにブルペンでファンから罵声を浴びせられ、カッとしてコップの水をかけるという事件を起こした。そしてレンジャースに再びトレードされたという訳だ。

「トレードに出してくれ！」とゴネたランディー・ジョンソン

リストラ型、問題児放出型の他には〝トレード要求の末の擦った揉んだ型〟トレードというのも多い。日本でもすっかりお馴染みになった〝ビッグ・ユニット〟ことランディー・ジョンソン投手も98年にマリナーズに所属していたとき、

「**トレードに出してくれ**」

とさんざん騒ぎ、シーズン途中でアストロズにトレードされている。

球団と揉めている間のジョンソンはまるで鬱状態で、試合前のクラブハウスで何事かブツブツつぶやいたり、雑談をしていたチームメイトの話の内容が気に入らないからと喧嘩をふっかけたこともあった。マウンドに立っても気合の入った投球ができず、球団は結局、「こんな状態では放出した方がいい」という判断をせざるを得なかったのだろう。

オーナー!! トレードNI DASHITE KUDASAIYO
DEKAI! KOWAI.

98年6月に野茂がドジャースからメッツにトレードされたのも、野茂の「トレード要求」によるものだった。当時、ドジャースの監督だったビル・ラッセルに対する不信感を募らせていたことが理由だった。

この要求を受けて当時の、フレッド・クレアGMが野茂を選手登録から抹消しトレード先を探し（『designated for assignment』と呼ばれる、メジャーのルールで決められた日数内にトレード先を見つけるか、さもなければFAとして放出しなければならなくなる）、メッツ、オリオールズ、ロイヤルズ、インディアンスという候補の中から野茂の希望を汲んでメッツに決まったという経緯だった。

「俺を試合に出してくれ！」と要求して放出されたダリル・ハミルトン

このように選手の要求によって行われるトレードというのは、夫婦の離婚にも似て選手本人はもちろん、球団首脳陣側も相当なエネルギーを遣う。

昨年、メッツでもそんなトレード騒動があり、チーム内が揺れ続けた時期があった。ダリル・ハミルトン外野手が、

「俺を毎日、試合に出してくれ」

と監督に要求し、激しい言い争いを経てトレードに至っているのだ。

新庄ともポジション争いをしたハミルトンは36歳、12年目のベテランだったが125試合以上に出場したシーズンは97年以降はなく、2000年は故障などで43試合に出場したのみだった。それでも、

「俺はまだ毎日プレーできると思っているしチームを助ける自信があるんだ」

と2月のキャンプインのときから主張し続け、

「メッツに来てから、俺はずっとレギュラーとして使ってもらっていない。俺はレギュラーになりたいんだ。もっと試合に出たいんだ。もしこのチームでそれが実現できれば嬉しいけど、できなければよそでやった方がましだ」

と、不満を言いたいだけ言っていた。さらにハミルトンの兄で代理人でもあるジョン・ハミルトンも口を挟むようになり、バレンタイン監督を嘘つき呼ばわりする発言をして両者の関係は一層こじれた。

「あの男に、嘘つきなんて言われるのは納得がいかないね。彼の家族も、周りにいる人間も虫が好かんよ」

バレンタイン監督からはそんな感情的な発言が出たり、

「私は、彼がレギュラー格の選手だとは思っていない。選手の中には、数年前までレギュラーで試合に出ていて、それがずっと続くと思ってしまう者もいるんだね。私は調子のいい選手を起用するようにしている。ダリルが試合に出すだけの調子でもなければ、体調も十分でないことははっきりしているよ」

とバッサリ。

2月のキャンプで言い争いをしたバレンタイン監督とハミルトンは、6月にも扉を閉ざした監督室で再び喧嘩となった。騒動の間、他の選手達は黙ってただ見守るといった雰囲気だったが、どこか重苦しいムードが漂っていた。日々の試合で勝負をしながら、チーム内に何かもめごとを抱えるのは、選手や監督にとって精神的な疲労を伴う。

結局、球団はハミルトンのトレード先を探したが見つからず、7月9日に解雇。それから約一週間後にかつて所属していたロッキーズに拾われマイナー契約を結んだが、昨シーズン中は一度もメジャーに昇格できなかった。

「俺はレギュラーだ」

と強気発言を続けていたのが一転、マイナーリーガーになってしまったのだから哀れと言うしかない。

UNWRITTEN RULE OF MLB

15

日本人選手の一番の味方・バレンタイン監督は球界一の嫌われ者

意外にも〝日本通〟なサンフランシスコ・ジャイアンツのダスティー・ベイカー監督

　ジャイアンツに移籍したばかりの新庄が、キャンプイン中にこんなことを言った。

「いい監督でしょ。迷惑かけないでちゃんと接していけば、良くしてくれると思う。俺にも毎日、声かけてくれるし。他のチームの選手も、あの監督の下でやりたいと言ってるからね」

　ダスティー・ベイカー監督のことだ。

　キャンプインの一週間前にサンフランシスコで初めて対面して以来、ベイカー監督は新庄と常にフレンドリーに接していた。新庄によると、

「監督は日本に住んでたのかと思うくらい日本語がうまかった」

　これまで日本人選手とほとんど接点がなかった割には日本通のようだ。キャンプ2日目、新庄がフリー打撃で柵越えを連発し、驚いたアメリカ人記者が、

「新庄のあのパワーはどこから来るんだ」

　と尋ねるとベイカー監督は自室の本棚から一冊の野球本を取り出し、それを見

ながら、

「サダハル・オーから以前、聞いたんだが、**日本の打者は『合気道の極意』を使ってパワーを生み出しているんだ。宇宙に存在するパワーというのは量が決まっていて、それが動いているだけ。ピッチャーの投げる球のパワーを使って打球を遠くに飛ばすんだよ**」

と説明していた。野球本には、それを書き留めたメモが挟んであった。

ベイカー監督のように多少なりとも日本の知識を持ち、選手に気を遣うようなタイプの指導者は、言葉も文化も違う中に一人で飛び込まなければならない日本人選手にとっては心強い存在。新庄はラッキーだったと言えるだろう。

日本人選手に評判がいい『メッツ』ボビー・バレンタインと『マリナーズ』ルー・ピネラ

メジャーにも〝いい監督〟と評価される監督もいれば、評判の悪い監督もいる。やはり監督によって様々だ。

ある選手にとっては〝いい監督〟でも、別の選手にとっては〝嫌な監督〟であるケースもある。

日本人選手にとって評判のいい監督といえば、何と言ってもメッツのボビー・バレンタイン監督だ。何せあれほどたくさんの日本人選手を指導している監督はメジャーの中では他におらず、ロッテ時代を抜きにしても、柏田から始まり吉井、マック鈴木、野茂、新庄、小宮山とこれまでに6人もの日本人選手を監督した(ただし鈴木は移籍してきてから数日で再び別の球団に移籍したため、監督、選手のつき合いは短かった)。

次に多い監督というとマリナーズのルー・ピネラ監督で、今年になって長谷川が加わり3人。ピネラ監督の場合は日本人選手も他の選手も分け隔てなく接している印象があるが、バレンタイン監督は「日本人選手のサポーター」であること

を自認しているところもある。そんな監督のことを、メッツに入団した小宮山は、

「ボビーがいたからメッツでプレーしたかった」

と言い、ジャイアンツにトレードが決まった後の新庄は、

「ボビーと一緒にワールドシリーズを目指したかった」

と残念がった。こうした言葉からも、いかに日本人選手から信頼されているかがわかる。

しかしそんなバレンタイン監督が、実は球界では『**一番の嫌われ者**』と呼ばれている。

嫌っている人物は、選手の中にもいれば、敵の監督やコーチの中にもいれば、メディアの中にもいる。嫌われる理由は様々で、監督采配に疑問を投げかける人もいれば、「選手より自分が目立とうとする性格が気に入らない」という人もいる。バレンタイン監督は自らを
「球界で一番、野球をわかっている人間」

と誇っているそうで、そのプライドの高すぎるところが鼻持ちならないという人もいる。

バレンタイン監督は1985年にテキサス・レンジャースでメジャーの監督と

してのキャリアをスタートさせ、レンジャースでは8年間、指揮を執って１０４２勝９８６敗、１９９６年途中からメッツ監督に就任してからは２００１年までで４６１勝３８１敗といずれも勝ち越し、負け越したシーズンは過去３度のみ。１９８６年には最優秀監督賞も受賞している。

プロ入りは１９６８年でドラフト1位指名でドジャースに入団し、マイナー・リーグのトリプルA時代にはリーグＭＶＰに輝いたこともある。当時は期待の大型新人で、メジャーではドジャース、パドレス、マリナーズ、メッツの４球団でプレー。現役としても指導者としても、どちらかと言えばエリート街道を歩いてきた野球人と言える。

レンジャース監督を辞めたのは、当時の球団オーナー・ジョージ・Ｗ・ブッシュ氏に解雇されたためで、２０００年にはワールドシリーズに進出したものの、世界一に輝いたことはまだ一度もない。それでも、常に自分を誇るバレンタイン監督に周囲は批判を浴びせる。

しかもバレンタイン監督は、批判を受けるような騒動を次から次へと起こしているようなところもあるのだ。

DOTCHIMO
BOBBY NE.

クリフ・フロイドから「バカ監督」呼ばわりされたボビー・バレンタイン

昨年のオールスター直前には、出場選手の人選を巡ってトラブルを起こし、マーリンズのクリフ・フロイド外野手から、

「バカ監督」

呼ばわりされた。

オールスターは、前年にワールドシリーズ進出を果した両リーグ監督が指揮を執ることになっており、2001年はア・リーグがヤンキースのジョー・トーレ監督、ナ・リーグがオールスター監督初体験のバレンタイン監督だった。

もめごとのきっかけは、バレンタイン監督が、

「ナ・リーグの控え外野手にフロイドを選ぶ」

とオールスターの数週間前に本人と口約束をしたが、実際に選ぶ段になってフロイドを外してしまったことだった。すでに選ばれたつもりになっていたフロイドは家族を招待するために1万6千ドル（約219万円）相当の飛行機のチケットも購入しており、猛激怒。バレンタイン監督が、

SONNAKOTO YAKUSOKU SHITAKANA-?
?
オールスターゲーム NI. DASHITE KURERUNJA NAINO?

「口約束をしたというのは誤解だ。フロイドが私の言葉を誤って解釈したんだ」

と言い訳すると、

「もし誤解だったと言うなら、ボビーは嘘つきだ」

と噛みつき、バレンタイン監督は、

「私がオールスターの監督をやる限りフロイドはオールスターにはなれないね」

とまた応酬。完全に険悪な状態となった。

それでも、最終的にはフロイドがオールスターに出場することで騒動は決着した。バレンタイン監督が一旦、オールスターに選んでおいた自軍の選手リック・リード（投手）が体調不良を理由に辞退したため、前日になって急遽フロイドが出場することとなったのだ。

「ボビーはトリック・プレーをし過ぎる！」

バレンタインの監督の指示は**「細かすぎる」**という批判もある。

あるとき、ヒューストンで行われたアストロズ戦で、「敵がスクイズを仕掛けてくる」と予想して、投手に1球外すようサインを出したことがあった。試合後にそのことを尋ねると、

「アストロズの過去7度のスクイズのうち4度は投球カウントが1ストライク1ボールのときだったから、来ると思った」

と言う。結局、このときはアストロズがその通りに仕掛けてこなかったため外したことが無駄になったのだが、相手のスクイズのカウントまで調べていることに、周囲は驚くというよりやや呆れ気味だった。

またあるとき、オリオールズと対戦したときに敵のリードオフ（1番）打者デライノ・デシールズ（外野手）を何とか牽制で殺そうと考え、ビデオテープが擦り切れるまで研究したこともあった。そして遂に、デシールズが盗塁を試みようというときには「右足をやや三塁側へ動かすクセがある」ことをつかんだと言う。

またあるときは、カブスの本拠地リグレー・フィールドで〝打者がバッターボ

ックスに立っているときに捕手の影がマウンド方向へ伸びている〟のに気づき、「その陰を見て捕手がどこに構えているかがわかる」

と選手達に説いたこともあった。

「彼はトリック・プレーをし過ぎる。あそこまで手の込んだ仕掛けを使うチームは他にない」

そう言ったのは同リーグの同業者・アストロズのラリー・ダーカー監督だった。

バレンタイン監督は、過去に自軍の選手と激しく言い争いをしたことも数限りないほどある。

ざっと上げただけでも、現在カブスのトッド・ハンドリー捕手、現在レッドソックスのリッキー・ヘンダーソン外野手、ジャイアンツのロブ・ネン投手、ロッキーズのピート・ハーニッシュ投手、ランス・ジョンソン、ボビー・ボニーヤなど、顔ぶれも様々。

ヘンダーソンと言い争ったときは、ある試合中にヘンダーソンが左翼の守備にすでに入ってしまってからバレンタイン監督が選手交代を告げ、ヘンダーソンがUターンしてベンチに引き返さなければならなかったという出来事がきっかけだ

った。ヘンダーソンが、

「恥をかかされた」

と激怒したのだ。

新庄の『故障者リスト入り』に激怒したバレンタイン監督の真意

バレンタイン監督とメディアのトラブルも多い。ニューヨークのメッツ番記者は〝反バレンタイン派〟と〝中立派〟〝親バレンタイン派〟に分かれているが、反バレンタイン派の記者は表向きは友好的な態度を取っていても、陰では監督の言動に顔をしかめることがしょっちゅうだ。

日本の報道陣とトラブルを起こしたことはないが、一度、凄い剣幕で睨みをきかせたことがあった。

２００１年、新庄が太ももを痛めて故障者リスト入りするかどうかというときのことだ。

「新庄は故障者リスト入りするんですか？」

と聞こうとすると、なぜか監督は逃げ回りやっと記者数人で取り囲むと、眼光

を鋭くしながら敵意剥き出しの顔で、

「何だ。それがそんなに重要なことなのか」

と声を荒げて言った。

なぜそんな風に怒ったのか全くわからなかった日本人記者はあれこれと憶測し、恐らくバレンタイン監督は新庄を故障者リストに入れたくないため、質問されて苛立ったのだろう解釈した。しかも当の新庄自身は「故障者リスト入りしたがっていた」ように見えた。つまり、もう限界だと言う選手をバレンタイン監督が無理矢理試合に出したがっているという風に受け取られたのだった。

ところが実際は、このとき監督は、新庄を故障者リストに入れることはすでに決めていたらしい。ただ、新庄をベンチに入れておくことで〝勝負強い右の代打がまだ残っているよ〟と敵に思わせる一つの心理作戦として、数日だけ故障者リスト入りを遅らせたらしかった。記者達はすっかり裏をかかれた訳だが、怒った理由に関していえば、やはり**「新庄の故障者リスト入りの件に触れられたくなかったから」**だったようだ。

このように、周囲からはなかなか理解し難いバレンタイン監督は敵も多いが、反面、深く信奉する人も少なくない。

SONNANI JŪYŌNA KOTOKA?

２００１年７月にメッツからツインズにトレードされたリード投手は熱烈なバレンタイン派と言われた。理由は、バレンタイン監督が１９９７年のキャンプの際に、それまでほとんどメジャーで実績のなかったリードにチャンスを与え先発に抜擢したためで、

「あのときチャンスをもらわなければ、一生メジャーに上がれなかったかもしれない」

と大変な恩を感じているという。

また２０００年にメッツに所属していたマイク・ハンプトン投手も、

「ボビーは先発投手にとってはいい監督だよ。なるべく長いイニングを投げさせてくれるから、勝ち星がつく機会が多くなるんだ」

と支持していた。

２００１年の９月11日、米国同時多発テロ事件でニューヨークの世界貿易センターが崩壊したときは、バレンタイン監督の「別の一面」が垣間見られた。

事件直後からメッツの本拠地シェイ・スタジアムは消防隊の基地兼救援物資の集積所になっており、そこでボランティア達が、届いた食料や衣料品などの救援物資を振り分けて箱詰めする作業を行っていた。

シーズンが中断し、球場に練習だけしに来ていたメッツの選手達は、1日だけその作業を手伝ったが、バレンタイン監督はチームがシーズン再開のためにピッツバーグへ遠征に出発しても一人居残り、3日間も箱詰め作業を手伝っていた。ある日の作業は深夜3時まで続き、それから5時間後に再び球場に戻ってきてまた作業を手伝った。

その様子を見て、それまでバレンタイン監督にいいイメージを抱いていなかった人も、さすがに脱帽した。バレンタイン監督の行動は「ジェスチャーだ」と非難されることが多いが、

「ジェスチャーで果たしてそこまでできるものかどうか」

多くの人はそう思っただろう。

しかし、それでも彼は、球界一の嫌われ者であり続けている。

UNWRITTEN RULE OF MLB

16

えっ新庄が一番？ 四球を選ばないイチローは是か非か？ …リードオフヒッターを巡るメジャーの論争

メッツからジャイアンツにトレードされた新庄剛志外野手が、移籍後初めてサンフランシスコでお披露目された2月12日は、朝から大変な騒ぎとなった。パシフィックベル・パーク球場で開かれた会見は午前10時からという、球界の記者会見としては異例の早さ。何でそんな早い時間から始めたかと言えば、会見後には市内の文化施設で少年野球の子供達を集めた新庄野球教室、さらに地元日系人会による新庄歓迎パーティーと、イベントが目白押しだったためだろう。

これは全て球団がセッティングしたもので、日系人会の歓迎パーティーでさえ『球団主催の企画』だった。出席していたサンノゼ・マーキュリーニュース紙のスポーツコラムニスト、ティム川上氏によると、このベイエリアには日系アメリカ人が7万6千人もいるそうで、パーティーには3百人以上の日系人が詰め掛ける大盛況。ビール、ワイン、日本酒などお酒は飲み放題、バイキングスタイルの食事も豪華な料理が並んだ。球団はこれらを全て用意しただけでなく、何とあの本塁打キング、バリー・ボンズまで呼んでいた。

この日の前日には、ピーター・マゴワン球団オーナーが直々に新庄に球場内とサンフランシスコ市内を案内し、夜にはオーナー、ブライアン・セビーンGM、ダスティー・ベイカー監督という球団トップ三人からディナーに招待されたとのこと。あまりの手厚い歓迎ぶりに、傍観者はただただ目をパチクリするしかなく、会見翌日のサンフランシスコ・プレスデモクラット紙も、

「赤い絨毯を敷いたようなもてなし」

と表現し、サンノゼ・マーキュリーニュース紙も、

「スター級の大歓迎」

という見出しを打っていた。

新庄に対して三顧の礼を尽くしたような迎え方をした球団の思惑の中には、日本からのツアー客をベイエリアにたくさん呼んで球場のスタンドをツアー団体客で埋めること、地元の日系人にももっと球場に足を運んでもらうこと、というビジネス的戦略もあるらしい。しかしそれと同時に、戦力としての新庄にも並々ならぬ期待を抱いているらしかった。

「新庄に本当にリードオフが任せられるのか？」

昨年、90勝もしながらわずか2勝の差で地区優勝をダイヤモンドバックスに奪われたジャイアンツにとって、このオフの目標は『今度こそ絶対に優勝できるチームを作ること』だった。そのために球団が必要だったのは、

①バリー・ボンズや先発の柱の一人であるジェイソン・シュミット投手などチームの鍵を握る四人のＦＡ選手を全員チームに留めること。

②打線の中軸に入れる長打力を持った右翼手を獲得すること。

③経験豊富で実力を備えた三塁手を獲得すること。

④広いパシフィックベル・パークの外野に対応できる〝真の〟中堅手を獲得すること。

⑤打線のトップに座りあらゆる手段でチャンスメイクできる〝真の〟リードオフ（一番打者）を獲得すること。

だった。

このうち球団は①を果し、ＦＡのレジー・サンダースを獲得して②を果し、マリナーズからトレードでデビッド・ベルを獲得して③を果した。そして、新庄の獲得で④も達成できた。新庄自身も、

「ここはすごく面白い球場。右中間が広くて俺にもってこいだ。（左翼手の）バリーには『俺の左は全部捕ってくれ』って言われたから、そういうふうにしてあげようかなと思ってる」

と自信満々で〝真の〟中堅手と言われることには全く問題なさそうだった。

しかし問題は⑤である。

球団は新庄を獲得する際、チームにとって悩みの種であり続けた「リードオフのスポットを任せよう」という思惑があったのだが、新庄はそんなこととはつゆ知らずの状況だった。会見のときには、

「１番はあまり経験がないができるのか」

と聞かれて、

「1番であろうが6番であろうが7番であろうが、4番であろうが、どの打順でも自分が出せる力を出していきたい」

と言い、リードオフになったらこれまでとアプローチを変えるかと聞かれて、

「監督といろんな話し合いをしながら、自分がやっていかなきゃならないことをやっていきたい」

とチャレンジする気構えを見せた。しかし、そのつい10日前の自主トレのときには、

「俺、下手じゃん。(盗塁するときの)スタートが。得意じゃないし…。でも今年は走ってみたいなとは思っているけど」

と弱音も。

2001年、メッツでも1番は2回程度しか経験がなく、阪神時代は、

「1番に入ると打撃の調子が悪くなる」

とまで評されていた新庄にとって、リードオフにはやはり多少の違和感があるようだった。

違和感があったのはサンフランシスコの地元記者も同じだったらしく、会見の翌日には、

『新庄に本当にリードオフが任せられるのか』

という疑問を呈する記事が各紙の紙面に躍った。プレス・デモクラット紙は、

「彼のメジャー1年目の3割2分という出塁率はワクワクするような数字ではな

い。実際、2001年、ジャイアンツの1番に入ったマービン・ベナードと全く同じ数字だ（そしてベナードは1番失格の烙印を押されている）」

と書き、サンノゼ・マーキュリー・ニュース紙は、

「昨年の23二塁打は俊足の賜物だったが、その足があってなぜ盗塁の技術が身についていないのか？　日本での最多盗塁は15。昨年は、9回盗塁を試みて成功が4回だ」

と書き、サン・マテオ・カウンティー・タイムス紙も、

「新庄はバットを振り回す打者。400打席で70三振している。リードオフをやれる能力があるかどうかは大きな疑問だ」

と書いている。

これに対してベイカー監督は、

「リードオフ打者には『もっと四球を選んでもらいたい』とみんな言うが、選手に対して苦手なことを強要することはできない。打率がよければ四球を選ばなくても問題ないと思う。四球を選ばず打ち気満々というリードオフ打者もいる」

と必死に弁護したのだが……。

「自分をホームラン打者と勘違いしている！」と批判されたケニー・ロフトン

パワー打者天国と言っていいほどホームランが量産されている今のメジャーでは、実はリードオフのスポットは大変な人手不足に陥っており、どの球団も1番を打てる打者を喉から手が出るほど欲しがっている。

〝リードオフ打者は金のわらじを履いてでも探せ〟といった状況なのだ。

しかしなかなか優秀なリードオフ打者が見つからないというのが現状で、1番が毎年のように変わる球団もあれば、極端なケースでは毎日、取っ替え引っ替えしているような球団もある。

かつては出塁することに徹する打撃をし、四球を選び、出塁すれば塁を盗むという理想的なリードオフをこなしていた選手も、このホームラン天国の雰囲気に飲まれてしまい、バットをやたらと振り回すようになってきたというケースもある。

その典型が今季、インディアンスからホワイトソックスに移籍したケニー・ロフトン（外野手）だ。イチローがまだメジャー入りする前にメジャー関係者が、

「日本のロフトン」

と喩えた、あのメジャーを代表するリードオフ打者で、92年から5年間、盗塁王の座に就き『メジャーで最もエキサイティングな選手』と賞賛されてきた選手である。

しかしそんなロフトンも最近では、

「自分をホームラン打者と勘違いしているのではないか」

と批判されるようになった。実際、一昨年に自己最多の15本塁打を打ち、昨年も14本塁打。しかしキャリア通算3割2分の打率を誇りながら一昨年は2割7分8厘、昨年は2割6分1厘と打率を落とし、昨年の出塁率は3割2分2厘と新庄とほとんど変わらない。四球の数も落ち盗塁数は昨年、わずか16だった。

ロフトンほどの能力を持ったリードオフ打者がこの状態で、他にリードオフをこなせる選手もなかなかいない最近は、一風変わったタイプのリードオフ打者を起用する球団も出てきている。

例えば昨年、メッツがリードオフに一番多く起用したのは、どちらかというとパワーヒッタータイプのベニー・アグバヤーニだった。昨季成績は打率2割7分7厘で三振は73、盗塁は新庄と同じ4、失敗が5。スピードに関しては鈍足と呼

KOROGATTA HOUGA, HAYAIKAMO NE...
Mets

んでもいいくらいで、あのコロンとした体をゆさゆさ揺すって走る姿は、野球選手のそれとは思えないくらいである。

そんなアグバヤーニを1番に起用するボビー・バレンタイン監督に、

「ベニーを1番に使う理由は？」

とメッツ番記者がよく質問を投げかけていたが、監督の答えは、

「ベニーは盗塁はできないが、ウチのチームは盗塁策を使って攻撃するタイプの打線ではないからね。彼は毎試合、四度の打席でいい仕事をしてくれる」

だった。実はアグバヤーニはチーム内でも出塁率は高く、一昨年は3割9分1厘、昨年は3割6分4厘の数字を残している。出塁率が高いため他のことには目をつぶろうという訳だ。

またバレンタイン監督は、

「1番には、チャンスで打てて走者をホームに返せる打者を入れることが攻撃的な打線の一つのスタイル」

という考え方も持っている。アグバヤーニを起用するのは、そんな考えからもきているらしい。

KIMIWA NO. WATASHIDA!
ARIGATŌ LOFTON
ICH 51

「イチローはリードオフ選手として相応しいのか」全米に巻き起こったイチローを巡る論議

1番打者と言えば、昨年はイチローも論議を呼んだことがある。

「イチローが素晴らしい打者だということに異論はないが、ほとんど全く四球を選ばない。リードオフ打者として果たして相応しいのか」

というものだ。

メジャー1年目に3割5分の打率で首位打者、56盗塁で盗塁王のタイトルを獲得したイチローの四球は1年間で22（うち10が敬遠）と、その数は新庄をも下回る。しかし出塁率は打率が高いため3割8分1厘と決して低くはない。何といっても得点圏打率4割4分9厘とメジャーの中で群を抜いている。

「これだけ見事な打撃をしているのだから、四球を選ばないことくらい別に問題ではない」

こう言ったのは、ESPN解説者のジェイソン・スタークス氏だった。

こうしてイチローは、リードオフ打者の概念を少なからず変えてしまった。

それをよく象徴している出来事が起きたのは、ヤンキースとのプレーオフ・リーグ優勝決定戦だった。第2戦、ヤンキースが3対2と1点リードしている7回にマリナーズが二死二塁となったとき、ジョー・トーレ監督がベンチから、

「次の打者イチローを敬遠するよう」

指示を出したのだ。

リードオフ打者は普通、出塁させてはいけないのが鉄則であるところを、自ら進んで出塁させたのだから、周囲はさすがにあっと驚いた。トーレ自身、その判断が正しかったかどうか、ドン・ジマー・ベンチコーチなど周囲の人間に何度も確認したという。

試合後の会見では当然のことながら、

「イチローを歩かせた理由は?」

という質問が飛んだ。

「理由は、彼がイチローだからだ」

それがトーレ監督の答えだった。

「出塁させることより4割5分近い得点圏打率の打者と勝負することの方が危険だからね」

そう語った監督は翌日もイチローを敬遠している。

敬遠されるリードオフ打者など、少なくとも現役メジャーリーガーの中ではイチロー以外にはいない。このため、

『イチローは3番に置いた方がいいのではないか』

という論議が昨年も何度も起こり、今年のキャンプイン前にもそんな話題が上がった。

「僕には中軸を打った経験もあるじゃないかと言いたいでしょうが、しかし中軸に座るのは好きじゃない。メジャーの3番打者を考えたとき、あなたはイチローの顔を思い浮かべないでしょう。僕はホームランヒッターじゃない。監督がそうしろと言うなら、できる限りの努力はしますけどね」

イチローがシアトル・ポスト・インテリジェンサー紙の記者にそう語ったのは昨年のキャンプイン直後のことだった。四球を選ぶオーソドックスなリードオフ打者でないことは確実だが、イチロー自身、

「自分はリードオフである」

という強い意志を持っている。

盗塁もしなければ四球も選ばない新庄も、オーソドックスなタイプとは全く違った**『新しいリードオフ』**になるのかもしれない。

エンディング

日本ではまだあまり馴染みのないメジャーのあらゆる掟や習慣、常識……。メジャーにはまだ意外なことが実はたくさんあります。

この本を書いているキャンプ、オープン戦の最中にも、メジャーではすでにいろいろなことが起きました。

新庄選手が移籍したジャイアンツでは、バリー・ボンズと共に球団の二枚看板を張っているジェフ・ケント二塁手が、プライベートタイムに左手首をケガし開幕出遅れ。当初の本人の説明では、

「マイカーであるトラックを洗車しているときに車の上から落ち、手首を地面についてしまった」

ということでしたが、後に目撃者が現れ、

『契約で禁じられているバイクに乗っていて事故を起こしケガしたこと』が発覚しました。契約違反によるケガでの欠場は、ケントの場合、今季の600万ドル（7億9千万円）の年俸を無効にされるか、または欠場1試合につき3万3千ドル（435万円）の罰金という重い罰が科せられるとか。

この一連の騒動で、選手の契約の中にそうした禁止事項と、もし破ったときの罰金の額まで盛り込まれているのだということを改めて知り、

「さすが、メジャー」

とある意味、感心しました。

今年は日本人選手も増え、彼らを通して〝メジャーの知られざる側面〟を見る機会も一段と増えることと思います。

この本が、そうしたメジャーの世界を知る上でのあなたのガイドブックになればと願います。

最後に、この本を出版するために尽力してくださった鈴木実氏、デイリースポーツの菊地順一氏に心より感謝します。

メジャーの掟〜大リーグの暗黙のルール〜
UNWRITTEN RULE OF MAJOR LEAGUE

2002年5月3日　初版第１刷発行

著者……………水次祥子

イラスト………宮島弘道

装幀……………WORK SHOP

発行者…………鈴木　実

発行所…………21世紀BOX(21th Century Box)

発行所…………太陽出版
東京都文京区本郷 4－1－14　〒113-0033
電話 03-3814-0471／FAX 03-3814-2366
http://www.taiyoshuppan.net/

印刷……………壮光舎印刷株式会社

製本……………井上製本

製版……………斉藤隆央プロジェクト

印字……………ベル企画